Roger Edwards

Deutsche Fallschirmjäger und Luftlandetruppen 1936–1945

Stalling

Aus dem Englischen übertragen von
Volkhard Matyssek

© 1974 Roger Edwards
Englische Originalausgabe bei Macdonald and Jane's Publishers, London

Deutschsprachige Ausgabe
© 1976 Verlag Gerhard Stalling AG, Oldenburg und Hamburg

Schutzumschlagentwurf: E. Beaufort

Satz: Gerhard Stalling AG, Oldenburg
Gesamtherstellung: Süddeutsche Verlagsanstalt und Druckerei GmbH,
Ludwigsburg

Printed in Germany
ISBN 3 7979 1348 6

Inhalt

Vorwort

Es geht schon merkwürdig zu auf der Welt. Der spätere britische Feldmarschall Wavell berichtete in London als Augenzeuge von Luftlandungen und Fallschirmabsprüngen russischer Soldaten vor einer militärischen Öffentlichkeit bei der Stadt Kiew im Jahre 1935. Niemand nimmt Notiz von dieser verblüffenden neuen Idee.

Uns, den Deutschen, blieb es vorbehalten, diese neue Waffe der Ignoranz und Gleichgültigkeit erzkonservativer Militärs zum Trotz aufzubauen und zu militärischen Erfolgen zu führen, die die damalige Welt aufhorchen ließen.

Mich hatte das Schicksal an die Spitze dieser neuen Truppe gestellt. Mit Idealismus, Erfindergabe und Tapferkeit stellte der deutsche Fallschirmjäger Meilensteine an seinem Wege auf, die die Namen Dombas, Eben Emael, »Festung Holland«, Narwik, Korinth, Kreta trugen. Es war die Tragik der deutschen Fallschirmtruppe, daß die oberste Führung die Tage der Fallschirmjäger nach Kreta als beendet ansah und diese tapferen, inzwischen beinahe zu einem Nimbus gewordenen Soldaten in infanteristischen Einsätzen als »Feuerwehr« an allen Fronten »verheizte«, wo es brannte. Auch hier, ob in Rußland, Afrika, Sizilien, Italien, Frankreich, Belgien oder Holland, standen die deutschen Fallschirmjäger ihren Mann getreu ihrem Ruf.

Es blieb den Alliierten vorbehalten, ihrerseits aus den Erfahrungen heraus eine schlagkräftige und gewaltige Fallschirmtruppe aufzubauen. Die Strategen der damaligen Gegenseite zielten genau in die Richtung, die mir beim Aufbau der deutschen Fallschirmtruppe vorschwebte.

Ich sehe es als ein Zeichen echter soldatischer Haltung an, wenn hier der Autor den Versuch unternimmt, ein objektives Bild des Weges wiederzugeben, den wir Fallschirmjäger von der Idee über die militärischen Höhepunkte bis zum endlichen Untergang gehen mußten.

Auch dieses Buch ehrt die Toten des Krieges, indem es an ihre soldatischen Leistungen erinnert, und es mahnt die Lebenden, einen selbstmörderischen Weg zu vermeiden.

(Kurt Student)
Generaloberst a. D. und ehemaliger
Oberbefehlshaber der deutschen Fallschirmtruppe

Einleitung

Im ersten Tageslicht des 10. Mai 1940 fiel eine Abteilung deutscher Luftlandetruppen, deren Existenz bis dahin ein streng gehütetes Geheimnis gewesen war, in Segelflugzeugen mühelos in Fort Eben Emael ein, das einige Kilometer südlich von Maastricht an der belgisch-holländischen Grenze liegt. Innerhalb weniger Minuten nach ihrer Landung waren vierzehn Kanonen mittleren und schweren Kalibers, die Hauptbewaffnung der Festung, die alle in gepanzerten Kasematten lagen, von genial erdachten Sprengladungen lahmgelegt oder in Bruchstücke zersprengt.

Bis zu jener Zeit war Eben Emael, das von dem steilen und tief eingeschnittenen Albert-Kanal, Panzersperrwällen und Gräben geschützt war und von mehr als tausend gut ausgebildeten Soldaten verteidigt wurde, vom belgischen Generalstab als uneinnehmbar angesehen worden. Dessen ungeachtet fiel die Festung – der nördliche Eckpfeiler in der belgischen Grenzverteidigung – einer Truppe von weniger als sechzig Mann in einem präzise ausgeführten Luftlandeangriff zum Opfer, der in der Tat wenig Hoffnung für die Verteidigung Belgiens ließ.

Früher, im April, hatten deutsche Fallschirmtruppen an Überraschungsangriffen auf Dänemark und Norwegen teilgenommen, wobei sie den Durchmarsch konventioneller Landstreitkräfte durch die Einnahme strategisch wichtiger Brücken und Flugplätze unterstützt hatten. Dänemark fiel sofort und Norwegen zwei Monate später. In ähnlicher Weise lähmten am 10. Mai Segler- und Fallschirmtruppen der deutschen Luftwaffe das Verteidigungssystem der Holländer in Rotterdam, Den Haag, Moerdijk und Dordrecht.

Dank der glänzenden Aktion in Eben Emael, den gleichermaßen erfolgreichen Überfällen auf nahegelegene Brücken und dem Luftlandeangriff auf die »Festung Holland«, stießen zwei deutsche Armeegruppen aus östlicher und südlicher Richtung tief nach Belgien und Holland hinein. Auf ihrem schnellen Vormarsch hatten sie nur geringe Verluste, währenddessen vernichtende Luftangriffe auf strategisch wichtige Städte durchgeführt wurden. Weiter südlich zogen weitere deutsche Armeen über die französische Grenze zwischen der Oise und der Maas, südlich Sedan; aber der Gnadenstoß, der gleichzeitig mit der Isolierung Belgiens und Hollands ausgeführt wurde, begann in dem schwierigen Terrain der Ardennenwälder. Hier wischte von Rundstedts Armeegruppe A alle Gegenwehr beiseite oder umging sie und startete zu einem Rennen zu den Kanalhäfen. Innerhalb weniger Tage hielt die allmächtige Wehrmacht den größten Teil Westeuropas in ihrem Griff, und der Niedergang der französischen Verteidigung stand unmittelbar bevor.

Später, im April 1941, begleiteten deutsche Luftlandetruppen die 12. Armee zum Balkan. Am 26. April gelang es durch den Luftlandeangriff auf Korinth in Griechenland und durch die Wegnahme der Brücke, den Abzug fast aller britischer Truppen in ostgriechische Häfen abzublocken.

Der Höhepunkt des deutschen Balkanunternehmens war der spektakuläre Angriff der 7. Fliegerdivision auf die Mittelmeerinsel Kreta. Das Unternehmen begann am 20. Mai. Hier bewiesen die deutschen Luftlandetruppen in überzeugender Weise ihren Wert beim strategischen Einsatz einer modernen Armee. Trotz des erbitterten Widerstandes der britischen, griechischen und Commonwealthtruppen wurde die Eroberung Kretas in etwas mehr als einer Woche abgeschlossen.

Die Überlebenden der Mittelmeereinsätze zeigten ihre hervorragenden Eigenschaften unter den schwierigen Bedingungen, die an der russischen Front herrschten; gut ausgebildete Spezialtruppen wurden als Infanteristen geopfert. Zuletzt nahmen elf deutsche Fallschirmdivisionen an den Kämpfen in Libyen, Tunesien, Italien, Rußland, Frankreich, Belgien, Holland und im Deutschen Reich teil. Im Herbst 1944, als das Ende kurz bevorstand, lag die 1. Fallschirmarmee längs der nordwestlichen Zugänge nach Deutschland in der »Festung Holland«. Sie stand unter dem Kommando ihres Schöpfers, Generaloberst Kurt Student. Hier standen die Fallschirmjäger alliierten Luftlandetruppen gegenüber, deren Kampfesweise sich eng an das ursprünglich deutsche Modell anlehnte. Der unbedingte Einsatzwille der deutschen Fallschirmjäger war in langen Einsatzjahren aufgezehrt, sie waren ungenügend ausgerüstet und zogen sich zurück. In einem erbitterten Gefecht in der Nähe von Nimwegen im Reichswald an der deutschen Grenze unterlagen sie schließlich der Materialüberlegenheit der alliierten Truppen. Die Überlebenden der einst so stolzen Luftlandebataillone teilten die Schmach der Niederlage mit ihren Kameraden aus ausgemergelten und niedergerannten Wehrmachtsbataillonen.

Die Leistungen von Generaloberst Student und die der deutschen Luftlandetruppen bei der wegbereitenden Entwicklung der Grundsätze der Umklammerung des Feindes aus der Luft spiegeln sich in den militärischen Einrichtungen der heutigen Großmächte wider. Die Unterzeichnerstaaten des Warschauer Paktes unterhalten große, kampfkräftige Luftlandetruppen, und die Armeen des westlichen Bündnisses besitzen Fallschirmtruppen, die zumindest im Verhältnis zu ihrer jeweiligen personellen Stärke gut ausgestattet sind.

Zweifellos hat die strategische Möglichkeit, Truppen durch Lufttransport überall hin zu verlegen, eine neue Dimension in der Kriegsführung eröffnet. In Vietnam wurde mit Erfolg das neue Verfahren erprobt, Soldaten unter gleichzeitiger Unterstützung durch bewaffnete Flugzeuge mit dem Hubschrauber zum Kampfplatz zu bringen. Seit dem Krieg haben neue Methoden, schweres Gerät, Artillerie und Nachschub im Lufttransport zu befördern oder sie in der Kampfzone abzuwerfen sowie verbesserte Verfahren des Nachschubs während der verschiedenen Phasen des Kampfes, die experimentellen Nachschubsysteme der Kriegszeit seit langem abgelöst. Die militärische Anwendung des Fallschirmspringens im freien Fall aus großer Höhe eröffnet neue Möglichkeiten, kleine Gruppen von Fallschirmjägern hinter den feindlichen Linien abzusetzen. Aber es ist das Verdienst der deutschen Luftlandetruppen des Zweiten Weltkrieges, daß sie die ersten waren, die die militärische Wirksamkeit des Einsatzes aus der Luft in der Praxis zeigten. Sie führten die Luftlandekriegführung ein, die dann von allen modernen Armeen der Welt übernommen wurde.

Dank

Viele Menschen, denen ich zutiefst verpflichtet bin, haben mich in großzügiger Weise mit Material für dieses Buch über deutsche Luftlandetruppen unterstützt.

Franz Oswald Finzel, ein früherer Bataillonskommandeur im Fallschirmjägerregiment 6, hat u. a. viele biographische Einzelheiten beigetragen. Er stellte mir die Archive des Fallschirmjägerbundes zur Verfügung, wofür ich ihm sehr dankbar bin.

Barry Gregory, ehemaliger Soldat der britischen Luftlandetruppen, war so freundlich, das Manuskript zu lesen; er gab mir viele nützliche Hinweise. Mary Field arbeitete unaufhörlich, um die Beiträge britischer und deutscher Stellen zu koordinieren.

Die Fotografien stammen aus dem Bundesarchiv in Koblenz und wurden mit Hilfe von Herrn Dr. Haupt ausgesucht und aus dem Imperial War Museum in London. Die Karten wurden von Robert Taylor gezeichnet. Ich danke allen sehr.

Uniform, Kampfanzug und Kampfausrüstung

Uniform

Obwohl in der Presse der westeuropäischen Länder viel darüber berichtet wurde, daß im Jahre 1940 in den Niederlanden deutsche Fallschirmjäger als Zivilisten verkleidet eingesetzt worden seien, stimmte das nicht. Die Gerüchte, daß deutsche Truppen auf Kreta britische Uniformen getragen hätten, entbehrten gleichermaßen jeder Grundlage. Es wurden jedoch Fallschirmpuppen, die bei Luftlandeübungen in der Lüneburger Heide im Juli 1939 mit Erfolg erprobt worden waren, 1940 in Belgien abgeworfen, um die Verteidigungskräfte irrezuführen, indem man ihnen Glauben machte, daß wesentlich mehr Fallschirmjäger abgesetzt würden, als es tatsächlich der Fall war.

Im Winter 1944 operierten besonders ausgebildete, englisch sprechende Saboteure unter Führung des SS-Führers Otto Skorzeny bei den SS-Panzerdivisionen, aber nur einige von ihnen trugen alliierte Uniformen. Kriegsberichte aus jener Zeit verwechselten beharrlich den SS-Sabotageeinsatz mit dem Unterstützungseinsatz von Fallschirmjägern unter dem Kommando von Oberst von der Heydte, deren militärische Zielsetzungen völlig verschieden waren. Die als »Zufallstreffer« eingesetzten Fallschirmjäger trugen den üblichen

Verschiedene Kampfanzüge: links, Norwegen 1940, der schlicht olivgrüne Overall; Mitte, UdSSR 1941, Winter-Tarnanzug; rechts, Deutschland 1942, der neue Overall in Tarnfarbe, grün und braun – Besonderheiten: Knieschützer und vorne geschnürte Stiefel.

11

Berliner
Illustrierte Zeitung

Neun Tage lang abgeschnitten!

Das Titelbild der »Berliner Illustrierten Zeitung« zeigt den bei dem Angriff auf Kreta getragenen Kampfanzug. Besonderheiten: an der Seite geschnürte Stiefel und Helmschutz. Diese beiden Männer der Gruppe Ost (FJR 1) waren neun Tage lang von ihrer Einheit abgeschnitten.

12

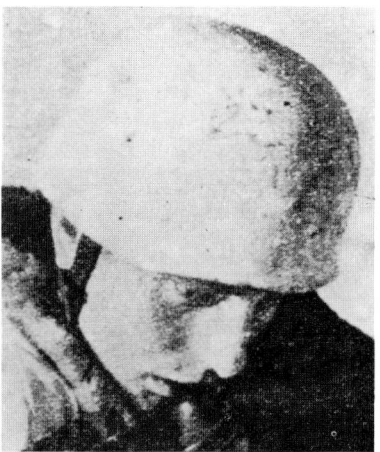

Links oben: Einzelheiten des Kampf-
anzuges und der Uniform, Norwegen
1940: normaler Luftwaffen-Dienstan-
zug. Besonderheiten: Kragenspiegel
mit Rangabzeichen (gelb), Kartenta-
sche, randloser Helm mit gegabeltem
Kinnband.
Rechts oben: UdSSR 1941. Weiß ge-
strichener Fallschirmjägerhelm.

Links unten: Frankreich 1944. Fallschirmjägerhelm mit Stoffbezug mit Band zum Einstecken von Tarnung.
Rechts unten: Frankreich 1944. Normaler Fallschirmjägerhelm ohne Bedeckung. Besonderheiten: Kinnriemen und Luftwaffenadler auf der linken Seite.

13

Normandie 1944. Hauptmann, rechts, im Tarnanzug. Besonderheiten: Reißverschlußtaschen, Helm mit Tarnmuster, Kartentaschen. Der Soldat im Hintergrund trägt eine
Zeltbahn als Regenschutz.

Kampfanzug, aber über viele Jahre hielt sich der Glaube, daß ihre Einsätze
mit dem SS-Unternehmen in Verbindung gestanden hätte. In Wirklichkeit hat
Oberst von der Heydte nur durch Zufall von dem Unternehmen Skorzeny
erfahren. Kein SS-Mann oder ihr Gerät wurden mit dem Fallschirm zum Einsatz abgesetzt.

Viel Verwirrung über die Rolle der Fallschirmjäger in den ersten Tagen des
Westfeldzuges entstand aus der Tätigkeit einer geheimen Abwehreinheit, die
die Brücke über die Maas bei Gennep einnahm. Die sogenannten Touristen
des Regimentes Brandenburg waren in der Tat zivil gekleidet. Als »Touristen« erkundeten sie Grenzverteidigungsstellungen in Belgien und Luxem-
burg. Ihre heimliche Spionagetätigkeit dehnte sich auch nach Holland und
Nordfrankreich aus, wo sie in wesentlichem Maße zu dem Zustand von
Alarm- und Kriegshysterie beitrugen, die den Westen im Jahre 1940 ergriff.

Der Kampfanzug, der von den Fallschirmjägern im Einsatz getragen wurde,
unterschied sich sehr von denjenigen aller anderen Truppenteile der Wehrmacht. Die gewöhnliche Uniform des Fallschirmjägers war, da er der Luftwaffe angehörte, die Luftwaffenuniform mit gelben Kragenspiegeln; der Name
des Regimentes war auf Ärmelstreifen aufgestickt. Diese Uniform wurde im
Kampf nie getragen.

14

Ärmelstreifen in hellgrün wurden im August 1939 für das Fallschirmjäger-regiment 1 (FJR 1) und später für FJR 2 genehmigt und wurden von allen Angehörigen dieser Einheiten auf dem rechten unteren Ärmel getragen. Andere Soldaten der 7. Fliegerdivision, so auch die Angehörigen der Schule in Stendal, trugen den dunkelgrünen Ärmelstreifen der Fallschirmjägerdivision. Die Stickerei der Schrift dieses Ärmelstreifens bestand aus Aluminiumdrahtfäden für Offiziere und aus gewöhnlichen Fäden in ähnlicher Farbe für die anderen Dienstgrade.

Nach dem Fall Kretas genehmigte Hitler die Verleihung eines besonderen »Kreta«-Ärmelstreifens an alle Dienstgrade, die an dem Unternehmen »Merkur« teilgenommen hatten, einschließlich der fliegenden und schwimmenden Einheiten, die die Fallschirmjäger in der Zeit vom 19. bis 27. Mai 1941 unterstützt hatten. Die Stickerei des Streifens bestand aus goldgelbem Faden auf weißem Grund mit dem Wort »Kreta« zwischen zwei Palmenemblemen. Der obere und untere Rand des Ärmelstreifens war in gleicher Farbe bestickt. Inhaber dieser Auszeichnung, die auch eine von General Student unterzeichnete Urkunde erhielten, trugen den Ärmelstreifen über dem linken Ärmelaufschlag des Waffenrockes oder des Mantels.

Kampfanzug
1. Hosen wie Skihosen, lang, lose sitzend und in der Farbe grau, mit Knöpftaschen auf den Seiten der Oberschenkel.

2. Runder Helm, weich ausgefüttert mit Gummi, mit schmalem Rand und kennzeichnenden, gabelförmigen Kinn- und Nackenriemen und so gut wie ohne Nackenschutz. Die Schwinge der Luftwaffe zierte die linke Seite. Im Einsatz wurde der Helm gewöhnlich mit einem schlichten oder in Tarnfarbe gehaltenen Stoffbezug getragen und oft auch mit einem einfarbigen Kreuzband zum Einstecken von Tarnzweigen.

3. Ein wetterfester, locker sitzender Overall mit einem Reißverschluß an der Vorderseite. Er wurde während des Sprunges über der Uniform und dem

Deutschland 1939. Feldwebel im schlichten Overall. Besonderheiten: Reißverschlußtaschen an Oberschenkeln und Brust, Pistolentasche für die Pistole 08 und Fallschirmjägerhelm mit gabelförmigem Kinnriemen.

15

Links: Besteigen der Ju 52. Besonderheiten der Uniform 1939: Fingerhandschuhe, an der Seite geschnürte Stiefel (vor Kreta) und die Aufziehleine zwischen den Zähnen. Nach Kommando »Fertigmachen« wurde der Karabinerhaken am Ende der Leine an ein Kabel innerhalb des Flugzeuges gehakt. Einzelheiten: 1. Handschuhe, 2. Kniebandage, 3. gummibesohlte Stiefel, 4. vorne geschnürte Stiefel nach Kreta.

16

Koppelzeug getragen. Nachdem sich der Fallschirmjäger nach der Landung der Fallschirmgurte entledigt hatte, wurde das Koppelzeug über dem Overall angelegt. Der ursprünglich in schlichtem Olivgrün gehaltene Overall wurde später (1940) mit einem Tarnmuster ausgegeben. Die Hosenbeine waren an den Knien abgeschnitten. Die langen Ärmel wurden am Handgelenk geknöpft. Der Overall hatte zwei geräumige Oberschenkeltaschen und zwei Brusttaschen.

4. Stiefel aus festem Leder und mit dicken Gummisohlen, die an der Seite geschnürt waren. Die Hosen wurden in die Stiefel gesteckt. Nach Kreta gab es Stiefel, die vorne geschnürt wurden.

5. Lange gefütterte Fingerhandschuhe aus Leder, Knieschützer aus Gummi. Zum Schutz der Knöchel bei der Landung wurden Leinenbandagen getragen.

6. Patronengurte. Ein besonderer Patronengurt mit zwölf Taschen, der 120 Schuß der gewöhnlichen 7,92-mm-Gewehrmunition trug, wurde an Unteroffiziere und Mannschaften ausgegeben. Der Patronengurt für das FG 42, das später im Krieg herauskam, hatte nur acht Taschen.

Links: Italien 1944. Fallschirmjäger im Wüstenanzug beim Verhör eines italienischen Feldwebels. Ein Patronengürtel mit zwölf Taschen um den Hals. Karabiner 98 K, Kaliber 7,92 mm.

Rechts: Italien 1943. Fallschirmjäger des Lehrbataillons nehmen Aufstellung für ein Gruppenbild nach der Befreiung Mussolinis. Zu beachten: Patronengurt mit acht Taschen für das FG 42, getragen vom Mann in der Mitte. Sein Kamerad rechts trägt eine Granatentasche um den Hals. Sein Gewehr hat eine Granaten-Abschußvorrichtung.

Kragenspiegel und Ausweis

In der Tasche des Luftwaffenrockes wurde ein besonderer Truppenausweis und um den Hals eine Erkennungsmarke getragen. Die Soldbücher wurden vor dem Start bei der Einheit abgegeben und im Einsatz nicht mitgeführt.

Rangabzeichen, breite Streifen und Schwingen auf gelbem Hintergrund, waren auf beiden Ärmeln des Overalls angebracht. Auf der rechten Brustseite befand sich das Hoheitsabzeichen der Luftwaffe. Das Fallschirmspringerabzeichen, ein stürzender, goldfarbener Adler in einem silbernen Kranz von Eichen- und Lorbeerblättern, gab es nur auf der normalen Luftwaffenuniform. Vor einem Unternehmen wurde jede mögliche Sicherheitsmaßnahme ergriffen, um die Bewegung von Fallschirm- und Segler-Luftlandetruppen und ihre Identität zu verheimlichen. Zu den Sicherheitsmaßnahmen gehörte sogar das Verbot des Singens von Fallschirmjägerliedern, und Spezialausrüstung wurde – soweit möglich – verborgen und getrennt von den Truppenteilen auf die Flugplätze befördert.

Kampfausrüstung

Die nach Holland und Kreta mitgeführte Ausrüstung umfaßte:

Am Mann: Pistole 08, mit zwei vollen Magazinen, zwei Munitionstaschen mit Maschinengewehrmunition, Kappmesser, großes Verbandspäckchen, Taschentuch, volle Wasserflasche, Streichhölzer, Sicherheitsnadeln, Meldeblock mit Zelluloiddeckel (für Unteroffiziere), Marschkompaß, kleine Verbandspäckchen, Bindfaden, dünner Draht und Nägel, Gasmaske mit Gasschutzfilter, Feldstecher und Taschenlampe, Wollhandschuhe.

Brotbeutel wurden an alle Dienstgrade ausgegeben, ebenso ein Tornister, Zeltbahn und eine besondere Fallschirmjägerration. Die Zeltbahn war an den Brotbeutel geschnallt, der die Wasch- und Rasiersachen, Eßbesteck und andere persönliche Dinge des Fallschirmjägers enthielt. Die Brotbeutel wurden in den Waffenbehältern abgeworfen. Tornister und Ersatzkleidung folgten später mit dem Troß der Kompanie.

Rationen, die für zwei Tage ausreichten, enthielten Dauerbrot, verschiedene Nahrungsmittel in Dosen, Schokolade, Zwieback, Kekse, durststillende Mittel und Zigaretten. Energen- oder Dextro-Energen-Tabletten, ein Glukosepräparat, das Energie erzeugte, und ein Benzedrine-Mittel, das wach hielt, wurden auch ausgegeben, wenn sie für notwendig angesehen wurden.

Munition: Die am Mann getragene Munition bestand aus vier Päckchen Pistolenmunition, zehn Ladestreifen – pro Ladestreifen 6 Schuß Pistolenmunition 9 mm – gewöhnlicher Munition und zehn Ladestreifen panzerbrechender Geschosse mit Wolframkarbidkern für das MG 34. Handgranaten wurden gewöhnlich im Koppel getragen. Rauchgranaten, Panzerabwehrgewehrmagazine, gestreckte Ladungen, geballte Ladungen und Reservemunition für alle Waffen waren in den Waffenbehältern verpackt. Die Waffenbehälter wurden aus den Bombenschächten der Ju 52 gleichzeitig mit jeder Gruppe Fallschirmjäger abgesetzt.

Rechts: Eine Seite aus einem Handbuch des US-Kriegsministeriums, das die deutschen Luftwaffenrangabzeichen im März 1945 zeigt. Kragenspiegel und Schulterstücke waren in der Farbe verschieden, je nach der Waffengattung. Flak-Soldaten z. B. lila, Nachrichtentruppen braun, Fallschirmjäger gelb.

GERMAN AIR FORCE: INSIGNIA OF RANK *(Collar patch, shoulder strap, and coverall insignia)*
GENERAL OFFICERS *(Generale)*

	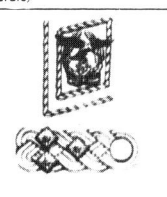 	 	  	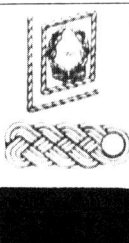
GENERAL OF THE ARMY *Generalfeldmarschall*	**GENERAL** *Generaloberst*	**LT GENERAL** *General der (arm)*	**MAJOR GENERAL** *Generalleutnant*	**BRIGADIER GENERAL** *Generalmajor*

FIELD OFFICERS *(Stabsoffiziere)*   COMPANY OFFICERS

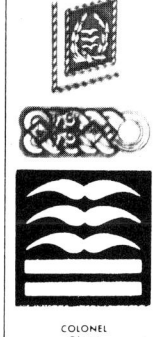	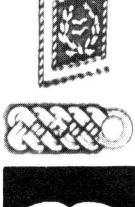		  	  	 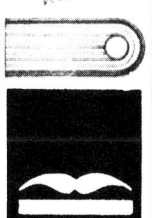
COLONEL *Oberst* 22nd Flak Regt	**LT COLONEL** *Oberstleutnant* General Staff Corps	**MAJOR** *Major* Civilian Air Traffic Control	**CAPTAIN** *Hauptmann* 6th Flak Regt	**1ST LIEUTENANT** *Oberleutnant* Flying Troops	**2D LIEUTENANT** *Leutnant* Signal Corps

NONCOMMISSIONED OFFICERS—TITLES: { Antiaircraft: *Hauptwachtmeister, Oberwachtmeister, Wachtmeister, Unterwachtmeister* { Other Units: *Hauptfeldwebel, Oberfeldwebel, Feldwebel, Unterfeldwebel*

SERGEANT MAJOR *Stabsfeldwebel* Flying Troops	**1ST SERGEANT** *Hauptwachtmeister* 1st Flak Rgt	**MASTER SERGEANT** *Oberfeldwebel* Signal Troops	**TECHNICAL SERGEANT** *Feldwebel* Civilian Air Traffic Control	**STAFF SERGEANT** *Unterwachtmeister* 3d Flak Regt	**SERGEANT** *Unteroffizier* Flying Troops

19

Kreta 1941: Eine neue und weniger auffällige Fallschirmkappe in Tarnfarbe über einem toten Fallschirmjäger.

Fallschirme: Der Fallschirm RZ 1 (Rückenpackung Zwangsauslösung 1), Modell 1 und spätere Modelle, RZ 16, RZ 20 und RZ 36, verursachten nach Aussagen von vielen, die sie in den frühen Tagen verwendeten, übermäßige Schwingungen in böigem Wetter, waren schwierig zu führen und erforderten zu viel Zeit, um sich nach der Landung daraus schnell zu befreien.

Der RZ 1, ein halbkugelförmiger Fallschirm mit 28 Bahnen, wurde für die Fallschirmjäger von der Luftwaffenerprobungsstelle in Rechlin entwickelt. Dieses frühe Modell blieb bis zum Frühjahr 1940 im Einsatz. Der neue RZ 16 mit einer verbesserten Verpackung der Aufziehleine wurde eingeführt. Bei dem RZ 1 hatte die Aufziehleine manchmal das Freilegen des Schirmes und die volle Entfaltung der Schirmkappe verhindert, was dann für den Springer meistens tödlich endete.

Der RZ 20 hatte Verbesserungen der zentralen Aufreißvorrichtung. Dieses Modell, das zum erstenmal in Kreta eingesetzt wurde, verwendete man bis Mitte 1943. Der späteren Ausführung RZ 36 lag zuerst der russische viereckige Fallschirm zugrunde. Dieser Fallschirm erhielt dann aber eine dreieckige Form, die wesentlich weniger Schwingungen verursachte und leichter zu führen war. Der RZ 36 wurde im Oktober 1943 einsatzreif, konnte sich später aber nur selten im Einsatz bewähren.

Die Fallschirme waren ursprünglich weiß, aber die Erfahrung des Einsatzes in Holland zeigte, daß weiße Fallschirmkappen zu auffällig waren, wenn sie zusammengefallen auf dem Boden lagen. Es wurde ein Tarnmustermodell eingeführt, aber die Offiziere verwendeten mitunter Fallschirme mit weißer Kappe, die dann als Markierungen verwendet werden konnten. Augenzeugen-

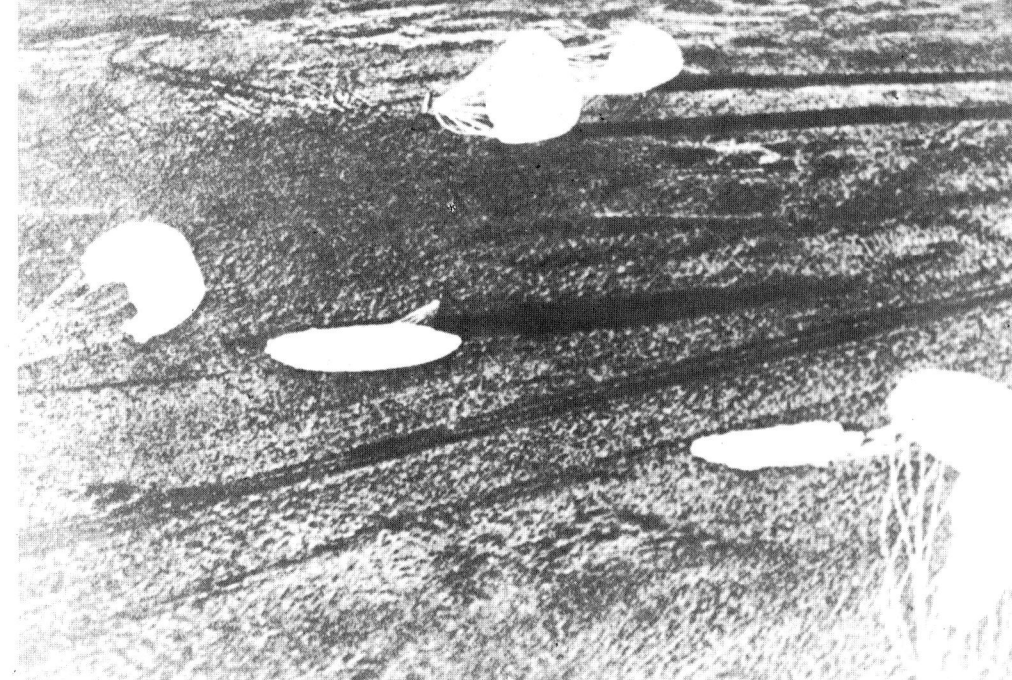

Weiße Fallschirme signalisieren die Anwesenheit von Fallschirmjägern. Ohne die eigene Luftüberlegenheit würde dies Angriffe der feindlichen Luftwaffe herausfordern.

berichte aus der Schlacht um Kreta sprechen von violetten, roten und andersfarbigen Fallschirmen, die verwendet worden seien, aber diese Berichte entbehren jeder Grundlage. Es mag Verwirrung entstanden sein durch den Gebrauch von farbigen Rauchkartuschen, die an die Waffenbehälter zur schnelleren Erkennung des Geräts der jeweiligen Einheiten angebracht waren.

Die Regimentskommandeure legten großen Wert auf das Falten der Fallschirme – jeder Mann mußte seinen Fallschirm selbst falten –, was zum Verlust wertvoller Zeit, sowohl während der Ausbildung als auch vor einem Unternehmen, führte.

Im allgemeinen sprangen deutsche Fallschirmjäger während der Ausbildung oder im Einsatz nicht, wenn der Bodenwind stärker als 23 km/h war. Einsätze, die bei größerer Windgeschwindigkeit versucht worden waren, endeten mit schweren Verletzungen und verzögerten das Sammeln der gelandeten Truppen um Stunden. Um die Zeit, die der Fallschirmjäger im Sinkflug verbrachte, auf ein Minimum zu beschränken, betrug die Absprunghöhe gewöhnlich nur 90–120 Meter. (Größere Absprunghöhen ergaben größere Verteilung der Truppen auf dem Boden.) Dies war ungefähr so niedrig, wie die Luftwaffe überhaupt wagte, Fallschirmjäger abzusetzen; aber auch geringere Höhen wurden unter außergewöhnlichen Umständen versucht. In einer gut ausgebildeten Einheit, die eine mit 160–190 km/h in die Absprungzone einfliegende Ju 52 verwendete, konnten zwölf Mann in sieben Sekunden abgesetzt werden. Dies bedeutete eine ziemlich eng zusammenbleibende Gruppe, mit einem Abstand von etwa zwanzig Metern zwischen den Männern auf dem Boden. Versuchssprünge wurden bei schlechtem Wetter und bei Nebel ausge-

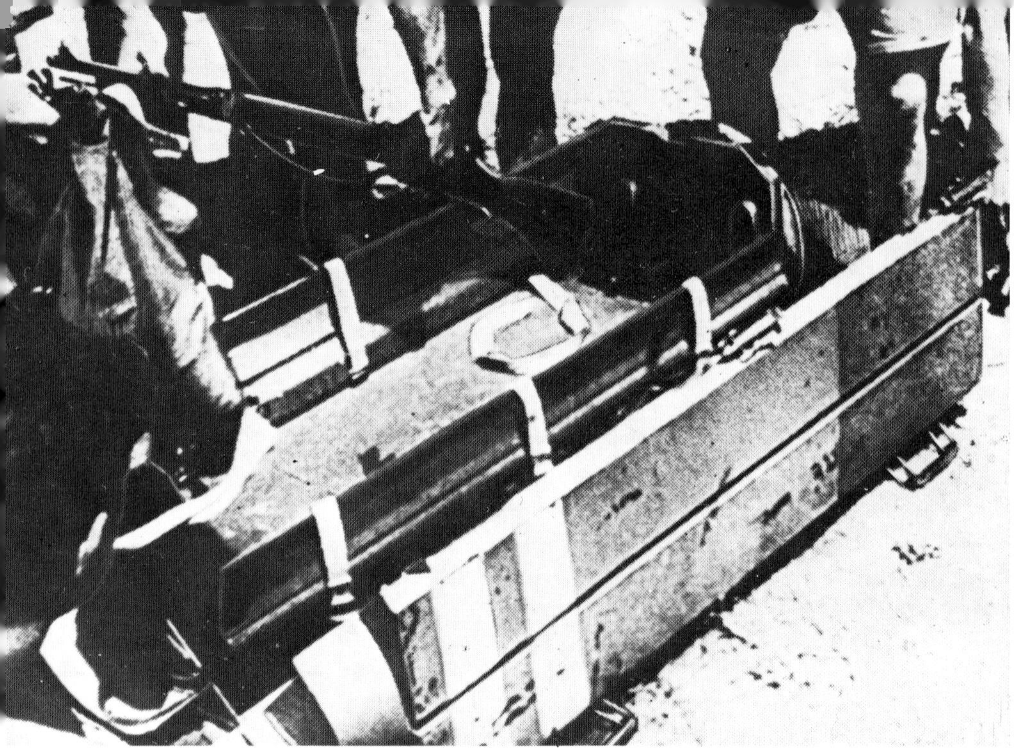

Kreta 1941: Ein Waffenbehälter mit Auspolsterung zum Dämpfen des Stoßes beim Aufprall auf hartem Boden wird mit Handfeuerwaffen bepackt. Die weißen aufgemalten Ringe am vorderen Ende des Behälters bezeichnen die Einheit, der die Waffen gehören. Nach dem Sammeln wurden die Container in besonders angepaßte Bombenschächte der Ju 52 gepackt und gleichzeitig mit der Gruppe abgeworfen.

Holland 1945: Das MG 42, mit einer höheren Schußfolge als das MG 34, wurde 1943 an die Fallschirmjäger ausgegeben. Auf dem Wall liegt eine Panzerfaustgranate fertig zum Schuß. Eier-Handgranaten liegen ebenfalls bereit.

Italien 1943: MG 34, das luftgekühlte Maschinengewehr mit Gurtladung, das von allen deutschen Truppen verwendet wurde. Ein Schanzspaten und ein Bajonett hängen am Koppel des Soldaten.

führt, und eine systematische Ausbildung im Nachtspringen nach 1942 zeigte zufriedenstellende Ergebnisse, obwohl nur ein Nachteinsatz tatsächlich durchgeführt wurde – in den Ardennen Ende 1944.

Waffenbehälter waren in verschiedenen hellen Farben gestrichen. Sie trugen Ringe und andere Einheitsmarkierungen und wurden in der Ju 52 mitgeführt. Es waren lange Blechbehälter, die aus besonders entwickelten Gestellen im Bombenschacht abgeworfen wurden. Die Behälter wurden entsprechend ihrem Inhalt gepackt. Wenn sie Waffen enthielten, verwendete man einen speziell eingepaßten inneren Schutzbehälter.

Zwei oder drei verschiedene Typen wurden auf Kreta eingesetzt. An dem einen Ende des Behälters war ein Fallschirm befestigt, der auf die übliche Weise durch eine Aufziehleine entfaltet wurde.

Um den Aufprall beim Fallen auf zu harten Boden abzufangen, waren an die Unterseite des Behälters Wellblechstoßdämpfer angeschraubt. Die Stoßkappen wurden erneuert, wenn die Behälter ein zweites Mal abgeworfen wurden. Auf jeder Seite befanden sich zwei Tragegriffe, und ein Paar Ansteckräder, in dem Behälter enthalten, gab eine größere Beweglichkeit auf dem Boden. Nach der Landung wurden oft zwei oder drei Container hintereinander zu einem Sammelplatz gezogen oder geschoben.

Eine Gruppe von zwölf Fallschirmjägern benötigte vier Waffenbehälter, wenn sie in einer Ju 52 transportiert wurde. Diese wurden zur gleichen Zeit abgeworfen, wie die Männer sprangen. Jeder Behälter wog leer 20 bis 30 kg, beladen bis zu 130 kg. Länge: 1,50 m, Durchmesser: 40 cm.

Ein Zug von 40 bis 50 Fallschirmjägern benötigte vierzehn Waffenbehälter, um seine Waffen zum Einsatz zu bringen. Die einzige Waffe, die die Männer beim Absprung bei sich führten, war zur Zeit des Einsatzes auf Kreta die Pistole mit zwei Magazinen. Beim Bergen der Behälter in der Absprungzone erlebten die Fallschirmjäger gefährliche Verzögerungen, die oft tödlich für sie ausgingen. Infolgedessen wurden Versuche gemacht, bei denen Maschinengewehre, Maschinengewehrmunition und anderes Gerät während des Sprunges an den Männern befestigt war, wodurch die Möglichkeit des Zuges verbessert wurde, einen Gegner sofort angreifen zu können.

24

Waffen

Mit Ausnahme der nachstehend beschriebenen Waffen, unterschieden sich die von den deutschen Fallschirmtruppen getragenen Waffen nicht wesentlich von denen der Infanterie. Dessen ungeachtet wurden einige Änderungen an den normalen Infanteriewaffen vorgenommen. So wurde zum Beispiel das Rohr des 8,1-cm-Granatwerfers gekürzt, um eine leicht zu handhabende Unterstützungswaffe zu schaffen. Diese Waffe war bekannt als Stummelwerfer, und jedes Fallschirmjägerregiment hatte Granatwerferkompanien, die sowohl mit dem 8,1-cm- als auch dem 10,5-cm-Werfer ausgerüstet waren.

Kreta unterstrich die Notwendigkeit von »schwerer« Unterstützung in Form von Panzern und Artillerie, und letztere wurde teilweise in Form von Leichtgeschützen eingeführt. Ein Panzer jedoch, der bei Luftlandeeinsätzen mitgeführt werden konnte, wurde nie verwirklicht. Im Jahre 1942 begonnene Versuche mit einem Zwei-Mann-Panzer, der in einem großen Segler befördert werden sollte, wurden eingestellt, weil die Versorgungslage bei den allgemeinen Waffen nicht genügend Gelegenheit für experimentelle Entwicklungsarbeit bot.

Italien 1943: Der 8,1-cm-Granatwerfer erwies sich als wertvoll für Angriff und Verteidigung. Drei Spreng- oder Rauchbomben wurden in jedem Kasten mitgeführt.

25

Maschinenpistole MP 38

Bis zu ihrer Ablösung durch eine besonders entwickelte Waffe war das berühmteste »Symbol« der Fallschirmtruppen die Erma MP 38 und ihre spätere Ausführung, die MP 40. Beide waren normale Wehrmachtswaffen. Die MP 38 war in den Jahren zwischen dem Ersten und dem Zweiten Weltkrieg als Maschinenpistole für das Heer entwickelt worden. Ihre Produktion wurde im Jahre 1938 voll aufgenommen und bis Ende 1942 weitergeführt. Die Waffe und ihre spätere Ausführung hatten beide ein abnehmbares Kastenmagazin mit 32 Schuß 9-mm-Munition. Das Gewicht der Waffe betrug 4,3 kg und die Lauflänge 25,1 cm. Die Schußgeschwindigkeit bei automatischem Feuern betrug 500 Schuß pro Minute; Einzelfeuer war nicht möglich.

Beim Sprung wurde die Waffe entweder vor die Brust des Fallschirmjägers gehängt oder zerlegt und im Overall untergebracht. Letzteres war nicht ratsam, wenn die Männer damit rechnen mußten, in der Absprungzone einen heißen Empfang zu erhalten. Auf Kreta mußten einige der Fallschirmjäger das Feuer eröffnen, bevor sie auf dem Boden auftrafen. Es war auch möglich, die Waffe in dem Waffenbehälter abzuwerfen.

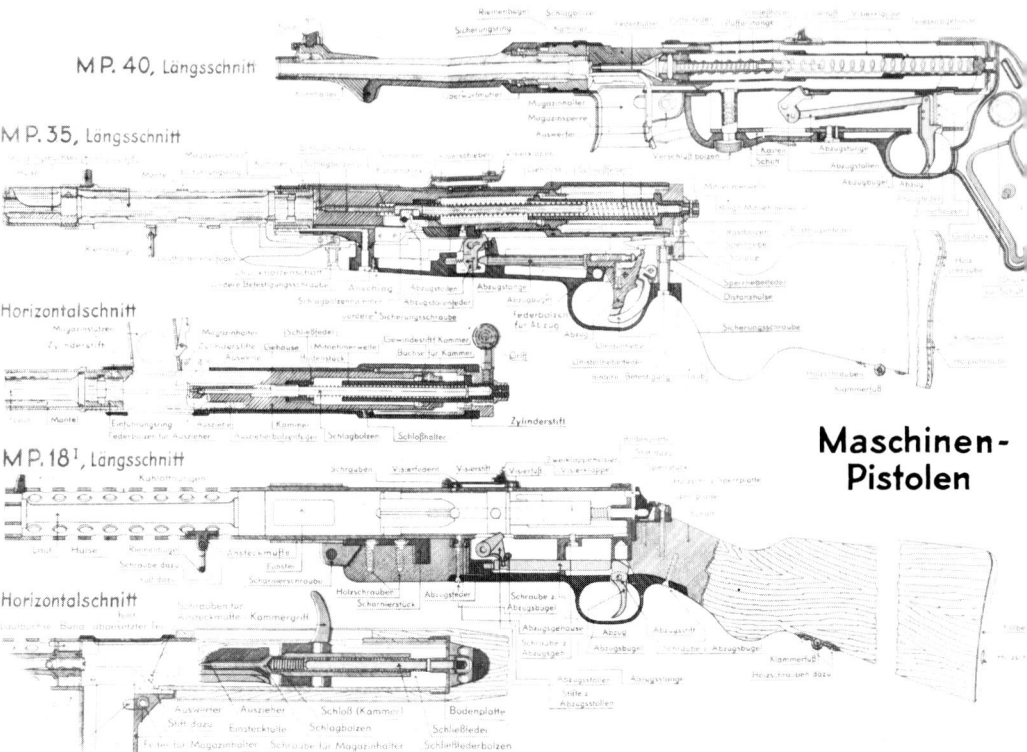

Eine Seite aus einem Waffenhandbuch zeigt die bei der Polizei und der Truppe im Jahre 1943 verwendeten Maschinenpistolen.

Sizilien 1943: Die MP 40 eignete sich hervorragend zum Straßenkampf. Stielhandgranaten wurden in einer Tasche getragen. Die langen Taschen sind für das 32-Schuß-Kastenmagazin vorgesehen.

Mangels einer ausreichenden Sicherung bestand die dauernde Gefahr, daß die Waffe beim Laden losging und unnötige Unfälle verursachte. Ersatzmagazine wurden in leicht erkennbaren, länglichen Leder- oder Segeltuchtaschen mitgeführt, von denen jeweils drei auf jeder Seite des Koppels getragen wurden. Jede Tasche enthielt zwei Magazine.

Der große Nachteil dieser Waffe für die Luftlandetruppen war die Verwendung der ungewöhnlichen 9-mm-Munition. (Das Standardkaliber war 7,92 mm.) Das wurde erst 1943 mit der Einführung einer besonders entwickelten Waffe – des Fallschirmjäger-Gewehrs FG 42 – behoben.

Automatisches Gewehr FG 42

Das FG 42 war der einzige Spezialtyp einer kleinen Waffe, der eigens für die Verwendung durch Fallschirmtruppen entwickelt worden war und die normale Infanteriemunition (7,92 mm) benötigte. Das FG 42 wurde 1943 eingeführt. Die Länge des Laufes war 50 cm. Als gasbetriebene Waffe, die sowohl Dauer- als auch Einzelfeuer abgeben konnte, erreichte das FG 42 beim Dauerfeuer die Schußgeschwindigkeit des MG 42. Die Länge jeden Feuerstoßes be-

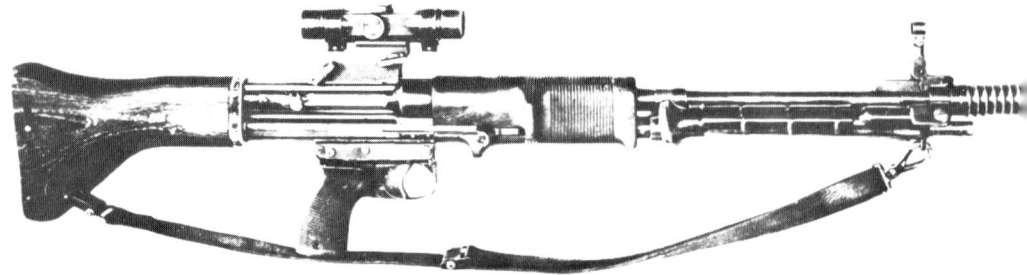

Das Fallschirm-Gewehr 42 mit Trageriemen wurde 1943 eingeführt. Dieses Modell hat ein Zielfernrohr.

schränkte sich jedoch auf die 20 Schuß des abnehmbaren Kastenmagazins. Für den Nahkampf konnte ein Bajonett angebracht werden, und ein Zielfernrohr steigerte noch den Wert des automatischen Gewehrs. Das Gewicht betrug 4,5 kg, ein Zweibein ergab ferner eine gute Stabilität, wenn die Waffe als leichtes Maschinengewehr verwendet wurde.

Panzerabwehrkanone PZ B. 41

Als Spezialwaffe zur Panzerbekämpfung erhielten die Fallschirmjäger im Jahre 1942 eine Kanone, die aus der Infanterieausführung entwickelt worden war, welche im Jahre 1941 beim Heer eingeführt wurde. Die Hauptunter-

Normandie 1944: In dem Gelände um St. Lô wurde die Feuerkraft der Fallschirmjäger durch die neue Waffe wesentlich erhöht. Dieses Modell hat einen Metallkolben und einen hölzernen Handgriff.

Deutschland 1940: Ein Beiwagenkrad zieht versuchsweise die 3,7-cm-Panzerabwehr-kanone.

schiede zwischen den beiden Ausführungen lagen im leichteren Aufbau, in kleineren Luftreifen und im Wegfall des Kanonenschildes, was eine Gewichts-einsparung von etwa 100 kg ausmachte. Obwohl die Waffe praktischer als die 3,7-cm-Panzerabwehrkanone war, erwies sie sich weniger erfolgreich als er-wartet gegen schwere englische Panzer. Nach 1943 wurde die Produktion ein-gestellt.

Unterstützungswaffen

Die Notwendigkeit, den kämpfenden Luftlandeeinheiten schwere Unterstüt-zungswaffen und Panzerabwehrkanonen in die Hände zu geben und – nach-dem sie einmal auf dem Boden waren – die Mittel zur Verfügung zu stellen, mit denen sie diese Waffen zum Einsatz bringen konnten, beschäftigte ständig den Stab der 7. Fliegerdivision und später das XI. Fliegerkorps.

Die Gebirgskanone 36 mit einem Kaliber von 7,5 cm wurde von der 7. Flie-gerdivision als Grundausstattung für die Artilleriekompanie ausgewählt. Es wurden Versuche mit Rottweiler-Hunden und Haflinger-Ponys unternom-men, die die Kanone bewegen sollten. Die Idee, Hunde einzusetzen, wurde bald fallen gelassen. Von den Ponys wurde erwartet, daß sie sich während des Fluges niederlegten und im Feuer ihre Besonnenheit nicht verlören, aber sie waren im allgemeinen schwierig zu führen. Im Einsatz auf dem Flugplatz Waalhaven in Rotterdam brachen die Tiere los, und das darauf folgende Chaos trug nicht eben dazu bei, die Kanonen wirksam zu handhaben.

Die Möglichkeiten, schwere Waffen zu transportieren, wurden durch die begrenzten Nutzlasten der Transportflugzeuge, insbesondere der Ju 52, einge-

Ostfront 1941: Die PZ B. 41 bei einer vorgeschobenen Kompanie. Dieses Heeresmodell wurde später eingezogen und durch die 3,7-cm-Panzerabwehrkanone ersetzt.

schränkt. Es konnten lediglich mittlere Kanonen von 10,5 cm Kaliber und Haubitzen von 15 cm Kaliber transportiert werden, aber die für den Transport am Boden erforderlichen Pferde konnten nicht mit dem Fallschirm abgesetzt werden. Selbst bei der 7,5-cm-Gebirgskanone war es erforderlich, für den Transport eines einzigen Exemplars mehrere Transportflugzeuge einzusetzen.

Die für ein wirkungsvolles Verpacken und Verladen der schweren Waffen und des schweren Geräts notwendige Organisation und Aufsicht wurde an den Verladestellen von besonders ausgebildeten Soldaten – den Verlastungskommandos – gewährleistet. Männer, Waffen und Gerät wurden in Verladeeinheiten aufgeteilt, von denen jeweils eine in eine Ju 52 verladen wurde.

Die Anzahl der Verladeeinheiten, die während des Angriffs auf Holland erforderlich war, um nur den Teil eines Artillerieregimentes zu befördern, und das Problem, sie so abzusetzen, daß sie auf dem Boden geschlossene Kampfeinheiten bildeten, kann aus dem folgenden Auszug eines Geheimberichtes über den Einsatz der Lufttransportgruppe 9 (Kampfgruppe z.b.V. 9), die besonders für den Transport schwerer Waffen aufgestellt worden war, ersehen werden.

3. Einsatz:
Auftrag war die Landung eines Stroßtrupps der II. A.R.33 auf Platz I mit 6 Flugzeugen unter Führung von Hptm. Blechschmidt.

Nach Angabe der Div. sollte der Platz in deutscher Hand sein. Dies war nicht der Fall, obwohl ein verkehrtes Hakenkreuz auslag. Im Gegenteil war heftige Erdabwehr am Platz, eine Landemöglichkeit bestand außerdem wegen viel herumliegender Brüche nicht. Es wurde daraufhin eine Landung von einem Flugzeug westlich Platz II (Strand) durchgeführt, wo bereits eigene gelandete Truppen erkannt wurden. Die anderen 5 Flugzeuge landeten wegen schwieriger Platzverhältnisse nicht. Verluste traten nicht ein.

Start in Lippspringe   16.45 Uhr,
Landung in Lippspringe   20.50 Uhr.

Eine Lösung des Problems, schwere Waffen in den Kampf zu bringen, war die Entwicklung von zwei-, drei- oder sogar fünffachen Fallschirmeinheiten, mit denen eine Anzahl von Waffen und Gerät abgesetzt werden konnte. Auf diese Weise wurden leichte, rückstoßfreie 7,5-cm- und 10,5-cm-Kanonen als geschlossene Einheit abgeworfen, ebenso wie das Zugfahrzeug, ein schweres Motorrad mit Beiwagen. Dieses Fahrzeug wurde zuerst in einen Metallrahmen verpackt, dann zwischen dem Hauptfahrwerk des Transportflugzeuges aufgehängt und später abgeworfen. Aber mit der wachsenden Notwendigkeit, alliierte Panzerfahrzeuge wirksam zu bekämpfen, erforderte der Transport von schweren Waffen – wie z. B. der 75-mm-Panzerabwehrkanone – ein Transportflugzeug mit einer Nutzlast von zwei Tonnen. Nur der Motorsegler Me 323 Gigant, der im Oktober 1942 entwickelt wurde, war in der Lage, diese Kanone zu befördern. Der Segler wurde jedoch erst gegen Ende des Krieges einsatzbereit.

Italien 1943: 7,5-cm-Panzerabwehrkanone in Feuerstellung. Die Bedienungsmannschaft und ihre Kanone wurden in dem riesigen Segler Me 323 aus Frankreich eingeflogen. Eine kleine Zugmaschine wurde benötigt, um die Kanone zu ziehen.

Frankreich 1943: Diese Fotografie einer leichten, rückstoßfreien 10,5-cm-Kanone und ihrer Besatzung (von links nach rechts: Ladeschütze, Richtschütze und Geschützführer) wurde wahrscheinlich bei einer Übung vor der Verlegung von Istres nach Italien in Frankreich aufgenommen.

Leichte rückstoßfreie Artillerie

Die Entwicklung des von den deutschen Fallschirmjägern als Ersatz für schwere Waffen verwendeten Leichtgeschützes kann weit zurückverfolgt werden. Frühe Versuche führten im Jahre 1940 zur Herstellung eines 7,5-cm-Modelles – LG 1. Wirkungsvollere und schwerere Modelle, bei denen dasselbe rückstoßfreie Prinzip, einen Teil der Rückstoßgase nach hinten auszustoßen, angewendet wurde, wurden während des Krieges entwickelt. Noch im Jahre 1944 wurde ein 15-cm-Modell geplant, das die schwere Infanteriekanone IG 33 ablösen sollte.

Kurze Rohre und Leichtmetallafetten verliehen den »leichten« Kanonen eine hochgeschätzte Beweglichkeit. Dies und ihre hohe Feuergeschwindigkeit – acht bzw. sechs Schuß pro Minute – machten sie bei den Fallschirmjägern schnell beliebt. In günstigem Gelände konnte die 7,5-cm-Kanone leicht von zwei Mann bewegt werden. Ihre Reichweite betrug 5000 m, und die der schwereren 10,5-cm-Kanone war 7800 m. Die 10,5-cm-Kanone wurde im Jahre 1943 eingeführt.

Beide Kanonen hatten den Nachteil, viel Rauch und vor allem Staub zu erzeugen, und in der Nacht konnte das Mündungsfeuer von weit her gesehen werden. Versuche, sie als Steilfeuerwaffen (Haubitzen) zu verwenden, verliefen nicht zufriedenstellend, aber Gebirgstruppen und Infanterie, die auch mit ihnen ausgerüstet wurden, fanden sie sehr wirkungsvoll im Kampf gegen jugoslawische Partisanen in den serbischen Bergen.

Andere Waffen und Nachrichtengerät

Eine magnetische Panzerhaftladung, etwa in der Größe einer Handgranate, wurde als Spezialwaffe zur Bekämpfung von Panzern aus nächster Nähe eingeführt, aber bald durch die überall übliche Panzerfaust abgelöst. Einige technische Einheiten wurden mit dem Einstoßflammenwerfer ausgerüstet, der für die SS entwickelt worden war. Diese Waffe war praktischer als der klobige Heeresflammenwerfer.

Eine Signalpistole, mit der auch Rauch- und Panzerabwehrgranaten abgefeuert werden konnten, wurde im Jahre 1942 eingeführt, aber bald wieder eingezogen, weil sie für den unvorsichtigen Schützen sehr gefährlich war.

Als Nachrichtengerät verwendeten die Fallschirmjäger die Heeresfunkgeräte »Dora« und »Friedrich«. Sie erwiesen sich als sehr erfolgreich bei Luftlandeeinsätzen, sowohl für Funksprechverbindungen am Boden, als auch für Funktelegraphieverbindungen mit rückwärtigen Stellungen.

Fallschirmpioniere und Nachrichtentruppen erhielten, wie ihre Kameraden vom Heer, eine zuverlässige Ausrüstung. Das hier Gezeigte war die Standardausrüstung für Pionier- und Nachrichtenkompanien.
Normandie 1944: Ein Funkgerät stellt die Verbindung mit dem Bataillons-Gefechtsstand her.

Holland 1945: Der Flammenwerfer war oft eine nützliche Verteidigungswaffe, besonders für das Räumen von Häusern bei Straßenkämpfen.

Lufttransport

Die Ju 52, von den Fallschirmjägern liebevoll »Tante Anni« oder »Judula« genannt, war ein Schlüsselfaktor für die Entwicklung der deutschen Luftlandetruppen und ihrer Einsätze im ersten Teil des Krieges. Die Schaffung eines deutschen Luftlandekorps war in der Tat um die Ju 52 herum aufgebaut: Die dreimotorige Maschine war das Standardtransport- und Versorgungsflugzeug der Luftwaffe und wurde von 1939 bis 1945 an allen Fronten eingesetzt. Auch als Schleppflugzeug für die DFS 230 und Gotha 242 fand sie Verwendung.

Mehrere tausend Flugzeuge der Produktionsserie 3 M wurden in fünf Ausführungen hergestellt. Die verbesserten Maschinen enthielten eine zusätzliche Bewaffnung, einen Autopiloten und ein stärkeres Funkgerät. Die Ju 52 faßte eine dreiköpfige Besatzung und 17 Passagiere oder – an deren Stelle – zwölf Fallschirmjäger und vier Behälter im Bombenschacht. Die erste militärische Version der Ju 52/3M flog im Jahre 1934 und war für den Einsatz als schwerer Bomber vorgesehen. Diese frühe Ausführung mit einer Besatzung von vier Mann war mit zwei 7,9-mm-Maschinengewehren bewaffnet, von denen eines

Die Ju 52, ein »Arbeitspferd«, war das Rückgrat der deutschen Lufttransporteinsätze. Hier auf einem behelfsmäßigen Flugplatz im Mittelmeergebiet.

Ein Lastensegler Go 242 mit Doppelleitwerk, der 1942 eingeführt wurde, über dem Rhonedelta.

in der heute üblichen Lage auf dem Rumpf montiert war, während das andere unterhalb des Rumpfes saß, um diesen und das Leitwerk zu schützen. 450 dieser Maschinen wurden bei der Luftwaffe in Dienst gestellt, die aber als Bomber sehr wenig eingesetzt wurden. Die Entwicklung moderner Bombenverfahren und die Notwendigkeit, verbesserte Maschinen einzusetzen, ließ sie bald veralten. 1938 wurden sie durch die Dornier Do 17E und die Heinkel He 111B abgelöst.

Vor dem Zweiten Weltkrieg flog die Ju 52 im zivilen Luftverkehr im Dienst der Lufthansa und bei vielen anderen Fluglinien der Welt. Als Militärflugzeug nahm sie an den Einsätzen der Legion Condor teil, einer gemischten Luftstreitmacht aus Bombern, Jägern und Aufklärungsflugzeugen, die von der Luftwaffe entsandt worden waren, um Franco im Spanischen Bürgerkrieg zu unterstützen. Die Konstruktion der Ju 52 aus rohen Stahlrohren und Aluminium-Wellblech erwies sich als außerordentlich zuverlässig. Drei BMW-Sternmotoren mit je 660 PS verliehen ihr die Antriebskraft. Sie erreichte eine Geschwindigkeit von 290 km/h in 1000 m Höhe und hatte eine maximale Reichweite von 1300 km. Wenn sie im Lufttransport oder als Schleppflugzeug eingesetzt wurde, verzichtete man auf das MG unter dem Rumpf, und das Fahrwerk wurde verstärkt. Ihre Produktion lief bis 1944. Insgesamt wurden im Zeitraum 1939–1945 ungefähr 3000 Flugzeuge hergestellt, aber 1945 waren nur noch 150 Maschinen davon übriggeblieben.

Die erste Lufttransporteinheit, die mit den Fallschirmjägern zusammenarbeitete und mit ihnen Versuche in Verlade-, Navigationsübungs- und Ab-

36

Der erste deutsche Lastensegler, ein DFS 230, der in Eben Emael und später auf Kreta eingesetzt wurde, im Schlepp einer Ju 87

sprungverfahren sowie in allgemeiner Organisation durchführte, war die IV. Gruppe des Kampfgeschwaders »Hindenburg«.

Von allen im Jahre 1936 mit Ju 52 ausgerüsteten Einheiten war die IV. Gruppe die einzige, die ausdrücklich davon ausgenommen worden war, mit neuen Bombern ausgerüstet zu werden. In dem Jahr, in dem Göring die Aufstellung des ersten Fallschirmjägerbataillons befahl, wurde die IV. Gruppe dem Generalmajor der Luftwaffe Ulrich Grauert, Höherem Fliegerführer II in Berlin, unterstellt.

Es war die Absicht des Luftwaffen-Führungsstabes, diese Einheit als Grundlage für einen weiteren Aufbau von Lufttransporteinheiten, die für Luftlandeunternehmen erforderlich waren, zu verwenden. Im Oktober 1937 wurde die Einheit umbenannt in Kampfgruppe z.b.V. 1 (zur besonderen Verwendung). Die Verwendung des Wortes »besonderen« zielte darauf ab, den Kampfgeist einer Einheit zu fördern, der offensichtlich das herkömmliche Ansehen von Bomber- und Jägereinheiten fehlte.

Kurz darauf wurde die Verantwortlichkeit für die Gruppe an die 7. Fliegerdivision unter Generalmajor Student übertragen, der für die Entwicklung der Luftlandetruppen verantwortlich zeichnete. Die Lufttransportgruppe wurde direkt dem Kommando der Division unterstellt. Zur gleichen Zeit wurde eine zweite Lufttransportgruppe – Kampfgruppe z.b.V. 2 – in Brandenburg-Briest aufgestellt, indem ein Kader aus der Kampfgruppe z.b.V. 1, der ursprünglichen, in Fürstenwalde stationierten Lufttransporteinheit, dorthin verlegt wurde.

Heinkel 111B beim Schleppen. Diese Maschine wurde jedoch selten hierfür eingesetzt, denn so starke Flugzeuge waren nicht erforderlich und konnten nur selten von Bombeneinsätzen frei gemacht werden.

Die Gliederung und das Gerät beider Kampfgruppen wurden erweitert, um mit dem Wachstum der Fallschirmjägereinheiten der 7. Fliegerdivision Schritt zu halten. Jede Transportgruppe bestand aus vier Staffeln mit je zwölf Ju 52 sowie einer Stabsgruppe mit fünf weiteren Flugzeugen, so daß jede Gruppe über 53 Flugzeuge verfügte. Somit war eine einzige Gruppe in der Lage, ein Fallschirmjägerbataillon mit einer Kampfstärke von ungefähr 600 Mann zu transportieren.

Das weitere Wachstum der Fallschirmeinheiten auf Regimentsstärke (Fallschirmjägerregiment 1) erforderte die Aufstellung von zwei weiteren Transportgruppen. Schon bald wurde ein Kampfgeschwader (KG) mit Gefechtsstandspersonal aufgestellt, um einen wirksamen Einsatz dieser Gruppen sicherzustellen. Das neue Geschwader erhielt eine Stärke von vier Gruppen, insgesamt 220 Flugzeuge und wurde Kampfgeschwader z.b.V. 1 genannt.

Zu Beginn des Polenfeldzuges im Herbst 1939 wurde dieses eine Geschwader durch ein zweites verstärkt. Es wurde ausgerüstet mit Ju 52, die von den Fliegerschulen abgezogen und schnell für den Transport des neu gebildeten FJR 2 hergerichtet worden waren. Gleichzeitig wurde eine besondere Gruppe (KGr z.b.V. 9) für den Transport von schweren Waffen geschaffen.

Ju 52B an der Ostfront. Eine Gruppe hilft, die Maschine für den Start freizuschaufeln. Viele eingeschlossene Einheiten verdanken ihr Überleben der Versorgung durch die Transportgeschwader.

Die den Kampfgeschwadern z.b.V. 1 und 2 unterstellten Lufttransport-gruppen, die an der Besetzung Dänemarks und Norwegens unter dem Befehl des Lufttransportkommandeurs Oberst von Gablenz teilnahmen, besaßen insgesamt ungefähr 500 Flugzeuge. Während dieser ersten Kriegseinsätze waren die Verluste gering; in Holland jedoch waren die Verluste so groß, daß einige Einheiten, die bis zu 90% ihrer Kampfstärke verloren hatten, anschließend aufgelöst wurden. Insgesamt gingen von 430 bei dem Unternehmen eingesetzten Flugzeugen 186 verloren. Die holländischen Flugplätze, insbesondere um Den Haag, waren mit ausgebrannten und zerstörten Flugzeugen übersät, von denen viele zuvor zusammen mit den Fluglehrern – zumeist Freiwilligen aus der Friedenszeit – von den Flugschulen abgezogen worden waren. Oberst Morzik, der später nach von Gablenz Kommandeur der Lufttransporteinheiten wurde, war Kommodore des Kampfgeschwaders z.b.V. 1, Oberst Conrad vom Kampfgeschwader z.b.V. 2. Oberst Conrad wurde später Fliegerführer des XI. Fliegerkorps. Beide Kampfgeschwader hatten früher zusammen mit der 7. Fliegerdivision und der 22. Luftlandedivision geübt und gearbeitet. Die lebensnotwendige Bodenorganisation und die Verfahren des Verladens und des Transports einer gemischten Luftlandeeinheit aus Fallschirm-

Wintertarnung schützt eine »Judula« bei Schaikowka. Kampfbereite Einheiten des Sturmregimentes verteidigten im Winter 1941/42 den Flughafen gegen wiederholte russische Angriffe.

jägern und Luftlandetruppen sowie die systematische Koordination der Flugverfahren, waren allmählich in vielen Übungen vervollkommnet worden. Für die Invasion Großbritanniens (Unternehmen »Seelöwe«) wurden die Lufttransportgruppen, einige von ihnen mit einem besonders entwickelten Riesensegler Me 321, wieder auf ihre frühere Stärke gebracht und auf Flugplätze in der Nähe von Lyon, Lille und Arras zusammengezogen. Im Laufe der Zeit stellte sich heraus, daß sie nicht benötigt wurden, aber das Unternehmen »Merkur« führte sie südwärts nach Griechenland. Außerdem flogen sie täglich Transportflüge zur Unterstützung der 12. Armee im Balkanfeldzug.

Für den Angriff auf Kreta wurden zehn Kampfgruppen des Kampfgeschwaders z.b.V. 1 (Oberstleutnant Wilke), des Kampfgeschwaders z.b.V. 2 (Oberst von Heyking) und des Kampfgeschwaders z.b.V. 3 (Oberst Buchholz) mit ungefähr 500 Maschinen sowie drei Lastenseglerschleppgruppen des LLG 1 – Luftlandegeschwader 1 – für den Transport des Angriffsregiments in der Nähe von Athen unter dem Kommando des XI. Fliegerkorps zusammengezogen. Das Oberkommando über das Unternehmen lag bei der Luftflotte 4 unter General Löhr.

Viele der Startflughäfen, die für die Transportgruppen des Unternehmens »Merkur« vorgesehen waren, hatten keine ausgebauten Landebahnen und waren von dem nahegelegenen Athen im wahrsten Sinne des Wortes »abgeschnitten«. Die Flugplätze in Elevsis, Tanágra, Dadion, Topolis, Mégara,

40

Phaleron und Korinth waren nach Ansicht von Oberst Heyking, dem Kommodore des Kampfgeschwaders z.b.V. 2, »nichts als Wüste«. Bei der Operation um Kreta sanken schwerbeladene Flugzeuge bis zu ihren Achsen in dem weichen Sand ein, wobei sie Staubwolken bis zu 1000 Meter Höhe aufwirbelten. Um diese katastrophalen Bedingungen zu verbessern, wurde der Staub mit Wasser besprengt, jedoch vergeblich. Die Flugzeuge waren für einen schnellen Start auf gegenüberliegenden Seiten der Flugplätze aufgestellt. Die Staubwolken, die den Startbetrieb einhüllten, verzögerten das Sammeln der ersten Maschinen über den Plätzen für den 320-km-Flug nach Kreta um eine Stunde, und das Wiederbeladen für die zweite und dritte Angriffswelle wurde ebenfalls stark behindert.

Das für das Unternehmen »Merkur« benötigte Flugbenzin, das die Tanks der Transportmaschinen füllen sollte – etwa drei Millionen Liter –, wurde von einem Tanker durch den Kanal von Korinth, der inzwischen von aus Deutschland eingeflogenen Tauchern von den Überresten der früheren Brücke befreit worden war, in das abgelegene Piräus gebracht. Dann wurde der Kraftstoff auf Lastwagen in Fässern à zweihundert Liter zu den Flugplätzen entlang der Küste gebracht, wo er schließlich am 17. Mai, drei Tage bevor der Luftlandeangriff beginnen sollte, eintraf.

Nach dem Absetzen der Fallschirmjäger in zwei Wellen am 20. Mai 1941 und dem Transport der Einheiten der Gebirgsdivision am folgenden Tag wurden 200 bis 250 Versorgungsflüge zu der Mittelmeerinsel geflogen. Nach dem 30. Mai übernahmen Versorgungsschiffe die Versorgung der Bodentruppen. Auf den Rückflügen von Kreta nach der Eroberung des Flugplatzes Máleme

Die Me 323, ein riesiges, sechsmotoriges Transportflugzeug, entwickelt aus der Me 321. Eine 8,8-cm-Kanone und ihre Zugmaschine werden versuchsweise auf einem Flugplatz in Süddeutschland verladen. Viele dieser langsamfliegenden Flugzeuge fielen 1942 während der Luftbrückeneinsätze zwischen Sizilien und Tunesien alliierten Jagdfliegern zum Opfer.

wurden die leeren Maschinen mit Verwundeten beladen, die man nach Athen zurückflog.

Der Flugplatz Máleme und die Umgebung waren – wie früher Den Haag – mit Flugzeugwracks überfüllt. Achtzig zerbrochene und zerstörte Maschinen behinderten den Flugbetrieb. Ein eroberter britischer Panzer, der als Räumfahrzeug verwendet wurde, schob sie von der Landebahn. Von den in der Schlacht um Kreta eingesetzten ca. 500 Flugzeugen gingen 271 verloren.

Nach Kreta beschränkten sich die Lufttransporteinsätze zur Unterstützung des XI. Fliegerkorps in der Hauptsache auf die Verlegung von Einheiten nach Tunesien im Jahre 1943 und später auf den Transport der 1. und 2. Fallschirmjägerdivision nach Sizilien und in das Gebiet um Rom. Kampfeinsätze in dem Ausmaß des Unternehmens »Merkur« wurden nie wieder unternommen, aber es wurden Pläne für ins Auge gefaßte Invasionen Maltas und Gibraltars vorbereitet.

Die Lufttransportgruppen kehrten für eilige »Luftbrücken«-, Versorgungs- und Verstärkungseinsätze nach Rußland zurück und nahmen später mit anderen, neu aufgestellten Transporteinheiten an der Evakuierung des Kuban-Kessels in Südrußland teil. Weil ihnen die Gelegenheit zur Übung mit dem Luftlandekorps fehlte, verloren die Lufttransportgruppen allmählich die besonderen Kenntnisse des Formationsfluges in großen Verbänden und des Absetzens von Fallschirmtruppen.

Die Seglerschleppeinheit 1/LLG 1, die im Jahre 1939 mit He 45, He 46 und später mit HS 126 aufgestellt und die in Kreta zum Schleppen des DFS 230 eingesetzt worden war, wurde ebenfalls dem Kommando des XI. Fliegerkorps entzogen und an der Ostfront eingesetzt, um Nachschub und Gerät für eingekesselte deutsche Einheiten in Cholm, Welikije Luki und Tarnopol zu transportieren.

Von hinten zu beladende Go 242 auf dem Flugplatz Istres, dem Hauptflugplatz für die Fallschirmjäger, die im Rhonedelta in Reserve lagen. Im Juli und September 1943 wurden beide Fallschirmjägerdivisionen von diesem Flugplatz nach Sizilien und Rom geflogen.

UdSSR 1941: Als Vorläufer der sechsmotorigen Me 323 Gigant für das Unternehmen »Seelöwe« wurde dieses antriebslose Modell in Orscha aufgenommen. Dieser Flughafen wurde ein wichtiger Punkt für die Lufttransporteinsätze im Bereich Mitte der Ostfront.

Die für das Unternehmen »Seelöwe« entwickelten Lastensegler Me 321 Gigant wurden im Juni 1940 in vier Staffeln eingeteilt. Diese Lastensegler setzte man später ebenfalls an der Ostfront zu Versorgungs- und Verstärkungsflügen ein. Gegen Ende des Jahres 1941 wurde ein neuer Lastensegler – Gotha 242 – bei der Truppe eingeführt und erwies sich als ungemein wertvoll für den Lufttransporteinsatz in den letzten Kriegsjahren.

Im Oktober 1942 erschien der sechsmotorige Motorlastensegler Me 323 Gigant. Er wurde bei zwei Transportgruppen – I. und II. Gr/KG 323 z.b.V. – eingeführt und leistete hier wertvolle Dienste im Lufttransport, besonders im Juli 1943 bei der Verlegung der 1. und 2. Fallschirmjägerdivision und ihrer Ausrüstung von Südfrankreich nach Italien.

Die Versorgungsflüge in Nordafrika, im Mittelmeerraum und auf dem östlichen Kriegsschauplatz forderten von den langsam fliegenden Junkers- und den gleichermaßen langsamen Me-323-Verbänden einen gewaltigen Blutzoll. Die Verluste an Bodenausrüstung und Bodenpersonal waren ebenfalls schwer. Sie reduzierten langsam die Lebensfähigkeit der Lufttransportgruppen, bis es im Winter 1944 kaum noch möglich war, die Transportflugzeuge und die ausgebildeten Piloten zusammenzubringen, die für die Ardennenoffensive benötigt wurden. Das sich hier abzeichnende Fiasko bildete den Schlußpunkt der Lufttransporteinsätze im Dienste der Fallschirmjäger.

Zusätzlich zu dem schon beschriebenen Transportflugzeug Ju 52 wurden gelegentlich andere Typen als Transport- und Schleppflugzeuge, die schon im Text erwähnt wurden, verwendet. Diese Flugzeuge und die wichtigsten Lastenseglertypen, die bei deutschen Luftlandeeinsätzen Verwendung fanden, werden jetzt im einzelnen beschrieben.

DFS 230: Der schon vor 1939 entwickelte DFS 230 wurde im Jahre 1940

Zwei Ansichten der Me 323 Gigant: während der Flugversuche in Deutschland und später beim Ausladen auf einem unbekannten Flugplatz, wahrscheinlich an der Ostfront.

als Standard-Lasten- und Truppentransportsegler bei der Luftwaffe eingeführt. Er faßte zehn voll ausgerüstete Soldaten, einschließlich eines Flugzeugführers, der nach der Landung ebenfalls in den Kampf eingreifen sollte. Spätere Ausführungen (Produktionsserien A und B) verfügten über ein ankerähnliches Bremssystem. Eine mit Raketenbremsen ausgerüstete Spezialausführung (C) wurde in der erfolgreichen Befreiungsaktion für Mussolini vom Gran Sasso Plateau (1943) eingesetzt. Der Segler wurde oft in Versorgungsflügen für eingekreiste Truppen (so. z. B. in Budapest im Jahre 1944) verwendet.

Später wurde der DFS 230 zum Lasten-Sturzsegler mit einem Bremsfallschirm am Leitwerk weiterentwickelt. Hierdurch konnte die Maschine in einem sehr steilen Winkel anfliegen und landen.

Ursprünglich wurde als Schleppleine ein 5 mm starkes Drahtseil mit einer Länge von 40 m verwendet, aber dieses Seil ersetzte man durch eine 4 m lange Zugstange aus Stahlrohr. Das Ergebnis war ein ruhigerer Flug.

Anfangs lag die Verantwortlichkeit für die Entwicklung beim Deutschen Institut für Segelflugforschung, das auf Anregung von Ernst Udet im Jahre 1933 den Auftrag erhielt, eine militärische Ausführung seiner experimentellen Wetterbeobachtungsmaschine, die ein Segelflugzeug mit großer Spannweite für Flüge in extremen Höhen war, zu bauen. Ein Prototyp des 230 erschien bald, und nachdem im Jahre 1937 das Vertrauen in die Zuverlässigkeit der Konstruktion hergestellt war, erhielt die Gothaer Fahrzeugfabrik den Auftrag für die erste Produktionsserie.

Die Konstruktion des kastenförmigen Rumpfes bestand aus Stahlrohren mit Segeltuchbespannung. Der Segler war ein Hochdecker mit hölzernen, verstrebten Tragflächen. Auf der Oberseite der Tragflächen waren Landeklappen angebracht, die sich nach oben öffneten, um den Gleitwinkel steiler zu machen. Die Räder waren abnehmbar und wurden in Einsatzflügen abgeworfen. Man saß in dem Segler ziemlich zusammengepfercht, die Sitze waren in einer einzigen Reihe angeordnet, sechs mit Sicht nach vorn und vier nach hinten. Die Instrumentierung bestand lediglich aus Fahrtmesser, Variometer, Wendezeiger und Kompaß. Navigations- und Landelichter wurden mit Hilfe eines in die Nase eingebauten Akkumulators betrieben. Die Erfahrungen des Kreta-Einsatzes zeigten, daß der DFS 230 bei genauem Bodenfeuer sehr verwundbar war.

Viele Maschinen erhielten Treffer in den vorderen Rumpf, durch die der Pilot getötet und Reservemunition zur Explosion gebracht wurde. Sein langsamer Flug machte den Segler zu einem leichten Ziel, und viele Besatzungen wurden schon während des Fluges getötet. Die Segler zerbrachen nach der Landung in felsigem Gelände, aber der große Vorteil des DFS 230 war sein fast lautloser Anflug in die Kampfzone, und sein – wenn auch geringer – Anteil am Erfolg gründet sich vor allem hierauf.

Me 321 – Gigant: Dieser Transportsegler wurde im Jahre 1941 für die geplante Invasion Englands, Unternehmen »Seelöwe«, eingeführt.

Er konnte einen kleinen Panzer oder eine 7,5-cm-Panzerabwehrkanone oder 200 Mann befördern. Die Beladung erfolgte durch eine Frontluke.

Es wurden 165 Maschinen gebaut und für das Unternehmen »Seelöwe« in Bereitschaft gehalten. Später wurden sie an die Ostfront verlegt und erwiesen

Die Go 242, aufgenommen von einem Kameraden des Piloten an der Ostfront im Frühjahr 1942.

sich als sehr nützlich bei Versorgungs- und Transporteinsätzen, besonders in dem Gebiet Riga-Orscha. Zum Schleppen benötigte man drei Me 110 im Verbandsflug, dem sogenannten Troikaschlepp, aber dieses gefährliche Verfahren forderte den Tod vieler Flugzeugführer.

Me 323 – Gigant: Ein aus dem Segler 321 entwickeltes und im Jahre 1942 eingeführtes Großraumtransportflugzeug.

Besatzung fünf Mann. Triebwerke: sechs Gnôme-Rhône-Sternmotoren. Spannweite 55 m, Länge 28,10 m.

Die ersten Ausführungen hatten acht Räder, spätere zehn. Die Transportkapazität betrug 130 voll ausgerüstete Soldaten oder 60 Verwundete oder 9750 kg Fracht (die dreifache Tragfähigkeit der Ju 52).

Aufgrund der langsamen Geschwindigkeit sehr verwundbar. Bei einem einzigen Angriff während der Versorgungseinsätze in Tunesien im Jahre 1943 fielen vierzehn 323 den alliierten Jägern zum Opfer. Mehrere Ausführungen wurden in zwei Produktionsserien (D und E) in Dienst gestellt. Im Jahre 1943 wurde die Entwicklung des 323 der Firma Zeppelin übertragen, wo eine Serie mit stärkeren Motoren (Serie F) geplant, aber nicht mehr einsatzreif wurde. Die Tragfähigkeit war so groß, daß eine komplette 8,8-cm-Flugabwehr-/Panzerabwehrkanone befördert werden konnte.

He 111 Z: Diese Maschine wurde im Jahre 1942 als Spezial-Schleppmaschine für die Me 321 Gigant eingeführt. Sie bestand aus zwei normalen He 111, die in der Mitte durch eine Mitteltragfläche, in die drei Motoren eingebaut waren, verbunden waren. Zwei zusätzliche Motoren befanden sich an der linken und rechten Tragfläche. Dieses fünfmotorige Doppelflugzeug wurde nur in kleiner Anzahl hergestellt und benötigte sieben Mann Besatzung. Spätere Ausführungen der Serie Z wurden als Bomber (4 × 1800 kg) und Funkaufklärer eingesetzt.

Gotha 242 wurde im Jahre 1942 als Frachtsegler und zum Teil als Ersatz für den kleineren DFS 230 eingeführt. Spannweite: 21,9 m, Länge: 15,85 m.

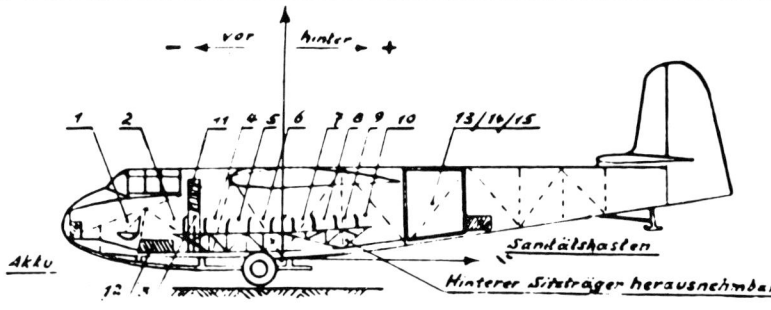

Verwendungs- und Beanspruchungsgruppe : P 3

Pos.	Benennung :	Verwendungszweck :		
		I Zugtrupp	II MG-Trupp	III Schützentrupp
	Leergewicht	780	780	780
	zus. Ausrüstung *)	32	32	32
	Rüstgewicht	812	812	812
	Zuladung :			
1.	Besatzung	70–100	70–100	70–100
2.	,,	70–100	70–100	70–100
3.	,,	70–100	70–100	70–100
4.	,,	70–100	70–100	70–100
5.	,,	70–100	70–100	70–100
6.	,,	70–100	70–100	70–100
7.	,,	70–100	70–100	70–100
8.	,,	70–100	70–100	70–100
9.	,,	70–100	70–100	70–100
10.	,,	70–100	70–100	70–100
11.	6 Gewehre	23	23	23
12.	6 Munitionskästen (voll)	—	50	50
13.	1 schweres MG	—	36	—
14.	1 leichtes MG	—	—	13
15.	2 Funkkästen	35	—	—
	Fluggewicht	1.870 kg	1.921 kg	1.898 kg

Maxim. Fluggew.—Schwerpunktsvorlage : — 174 mm vor Hauptspant — 27⁰₀. to
,,   ,,   ,,   Rücklage : — 15 mm ,,   ,,   ⌐ 33⁰₀. to

anmerkung :
Höchstzul. Fluggewicht 2100 kg. Bei Alleinflug sind 60 kg Ballast auf Sitz Nr. 2 mitzunehmen.
Schwere Insassen haben bei voller Besatzung die Sitze Nr. 2, 3, 4, 5 usw. zu belegen. to-Flügeltiefe
in Symmetrie-Ebene (2, 8 m). Vord. Punkt von to liegt — 0, 94 m vor Hauptspant.

*) siehe Beladevorschrift.

Bearbeiter :	Geprüft :		

Kreta: Der britische Geheimdienst sammelte Informationen aus erster Hand über die
deutschen Luftlandeeinsätze und ihre Möglichkeiten. Diese Seite aus einem Geheimbericht über das Unternehmen »Merkur« zeigt den Ladeplan einer DFS 230 mit drei typi-
schen Beladungen.

Zwei Mann Besatzung. Tragfähigkeit: 21 voll ausgerüstete Soldaten oder entsprechende Fracht. Leergewicht: 3200 kg. Beladen: 7090 kg. Ladeluke hinten.

Bei mehreren Ausführungen (Produktionsserien A und B) wurden Verbesserungen eingeführt, und es war eine besondere Ausführung für den Einsatz gegen die britische Flotte in Scapa Flow geplant. Eine spezielle Entwicklung (Gotha 244) entstand dadurch, daß man den 242 mit zwei Sternmotoren ausrüstete, was sich jedoch als nicht sehr erfolgreich erwies, und nur wenige kamen zum Einsatz.

Gotha 345, im Jahre 1944 als Frachtsegler eingeführt, wurde später als zehnsitziger Kampfsegler geplant. Er sollte zwei an den Flächen aufgehängte, impulsmodulierte Motoren haben. Unter dem mittleren Rumpf war eine Bremsrakete angebracht. Die Maschine hatte 2 Mann Besatzung. Später kam aus demselben Gothaer Werk die Gotha ka 430, eine Weiterentwicklung der 242, aber nur wenige dieser Maschinen wurden hergestellt, bevor die militärische Situation die Produktion zum Stillstand brachte. Weitere Projekte aus Gotha und von der DFS waren die Zusammenarbeit bei der Planung eines strategischen Seglers (DFS 331) und eines Transportflugzeuges, das bessere Belade- und Zugangsmöglichkeiten sowie eine größere Tragfähigkeit aufweisen sollte (Gotha P 50), aber keiner dieser Segler kam noch zum Einsatz.

Ausbildung und Organisation

Die deutschen Luftlandetruppen waren von 1936 bis 1945 in drei Kategorien gegliedert:

1. Seglertruppen der Luftwaffe landeten mit Seglern hauptsächlich mit dem DFS 230. Sie wurden im Jahre 1940 am Albert-Kanal und in Fort Eben Emael in Kompaniestärke und später in Bataillonsstärke als Teil des Sturmregiments 1 auf Kreta eingesetzt.

2. Fallschirmtruppen der Luftwaffe wurden in Ju 52 transportiert und aus der Luft in den Kampf abgesetzt. Die Luftlandeeinheit war ursprünglich ein einziges Regiment, das im Jahre 1936 aufgestellte Fallschirmjägerregiment 1 (FJR 1). Gegen Kriegsende hatte diese Truppe eine Gesamtstärke von elf Fallschirmjägerdivisionen erreicht.

3. Luftlandetruppen, die in Ju 52 eingeflogen wurden, nachdem die Segler- und Fallschirmtruppen einen passenden Fliegerhorst oder Landeplatz erobert hatten. Es waren Heerestruppen, die für den Lufttransport besonders ausgebildet und ausgerüstet waren. Sie wurden zuerst 1938 in Bataillonsstärke bei der Eroberung des Sudetenlandes eingesetzt. Später nahmen volle Divisionen an dem Hollandfeldzug (22. Infanterie-(Luftlande-)Division) und an der Eroberung Kretas (5. Gebirgsdivision) teil.

Seglertruppen: Die Flugzeugführer der Segler waren Angehörige der Luftwaffe, obwohl viele von ihnen früher im Heer gedient hatten. Die meisten hatten zivile Segelflugerfahrung, und viele von ihnen waren Mitglieder des Deutschen Segelflugverbandes, der schon im Jahre 1932 etwa 50 000 Mitglieder hatte. Damals war Segelfliegen ein beliebter Sport in Deutschland, besonders auf der Wasserkuppe und in Ausbildungslagern der »Fliegerkorps« in der Rhön, wo die Flugzeugführer ihre »A«- und »B«-Prüfungen auf Segelflugzeugen ablegen konnten. Das Segelfliegen wurde von der Reichswehr und später von den Nationalsozialisten als vormilitärische Ausbildung unter Verletzung des Versailler Vertrages gefördert, bis Deutschland Mitte der dreißiger Jahre offen wiederaufrüstete. In Rossiten in Ostpreußen, auf dem Dörnberg bei Kassel und in Westerland auf Sylt wurden Segelfliegerschulen eingerichtet.

Das Segelfliegerabzeichen, ein segelnder Adler auf einem Kranz von Eichenblättern mit Hakenkreuz, war entweder gestickt oder aus »deutschem« Silber gestanzt. Die Ausbildung auf den großen Seglern wurde zunächst unter strengster Geheimhaltung als Vorbereitung auf den Angriff auf Eben Emael durchgeführt. Die Ausbildung erfolgte in den Seglereinheiten; die erste stellte man im November 1939 in Hildesheim bei Hannover unter dem Kommando von Hauptmann Koch auf.

Ein wichtiger Bestandteil der Ausbildung war die Übung von Ziellandungen – in Eben Emael unmittelbar auf dem Dach der Festung. In der Segler-Ausbildungsschule in Braunschweig-Waggum, nicht weit von Hildesheim, fanden später sechswöchige Blindflug-Lehrgänge statt. Zusätzlich zu dieser

Frankreich 1943: Beladung einer DFS 230 mit Gerät.

Flugausbildung erhielt der Flugzeugführer, der während des Einsatzes den Segler flog, die übliche Infanterieausbildung, da er nach der Landung ebenfalls kämpfen sollte.

Die Ausbildung des Flugzeugführers wurde nicht immer zusammen mit derjenigen der Truppen, die er fliegen sollte, durchgeführt. Die Seglertruppen, die als Infanterie-Sturmtruppen ausgebildet wurden, lernten, aus ihren Seglern herauszuspringen und schnell in den Kampf einzugreifen. Ihr großer Vorteil war ihr geschlossenes Auftreten und ihr sprichwörtlich lautloser Anflug in die Landezone. Einige erhielten Fallschirmsprungausbildung. Nach 1942 wurden alle Luftlandetruppen sowohl für den Segler- als auch für den Fallschirmeinsatz ausgebildet. Seglertruppen wurden in Gruppen von zehn Mann transportiert.

Eine Seglerstaffel von zwölf Seglern war in der Lage, eine Kompanie von 120 Mann in einen Luftlandeeinsatz wie das Unternehmen »Merkur« zu transportieren. Die Kompanien der Seglertruppen, von denen vier auf Kreta eingesetzt wurden, waren im Bataillon eines Sturmregimentes zusammengefaßt, das – wie sein Name sagt – als Speerspitze des Luftlandeeinsatzes dienen sollte. Das auf Kreta von Generalmajor Eugen Meindl geführte 1. Sturmregiment bestand aus vier Bataillonen mit je vier Sturmkompanien und hatte eine Regimentskampfstärke von 2000 Mann und 220 Flugzeugführern. Die Sturmkompanien wurden unterstützt durch schwere Granatwerfer, Maschinengewehre und Panzerabwehrkanonen. Nachdem Kreta vorher heftig bombardiert

Frankreich 1943: Eine Fallschirmjägergruppe besteigt eine Ju 52 für einen Übungsflug. Der Absetzer (Mitte) prüft den Sitz des Fallschirms. Jeder Mann nimmt die Leine zwischen die Zähne, wenn er das Flugzeug besteigt.

worden war, landeten die Seglertruppen fünfzehn Minuten vor den Fallschirmkompanien.

Fallschirmtruppen: Die Ausbildung der Freiwilligen fand ursprünglich in Stendal (etwa hundert Kilometer westlich von Berlin) statt, wo 1936 das neu aufgestellte Fallschirmjägerregiment seinen Standort hatte. Die erste Fallschirmschule wurde 1940 geschlossen und etwas nordwärts nach Wittstock und dann westwärts nach Braunschweig verlegt. Die Schule in Braunschweig wurde später ebenfalls geschlossen, und im Jahre 1942 wurden neue Schulen in Dreux bei Paris und in Salzwedel eröffnet. Später folgte noch eine Schule in Kraljevo in Serbien.

Nach Abschluß einer dreimonatigen Grundausbildung im Gebrauch von Infanteriewaffen wurden die Neulinge auf den Fallschirmschulen im Nahkampf und im Gebrauch feindlicher Waffen und Ausrüstung ausgebildet. Der dann folgende sechzehn Tage dauernde Springerlehrgang bestand aus Unterricht im Fallschirmpacken, Bewegen im Flugzeug, Fallschirmsteuern, Abrollen am Boden und »Abwerfen« des Fallschirmgurtes. Schließlich fanden Übungen im Innern und an den Ausstiegen einer Ju-52-Attrappe statt. Es wurden Sprünge im Kampfanzug mit voller Ausrüstung von einer drei Meter hohen Plattform auf Matten durchgeführt. Während der letzten sechs Tage des Lehrgangs wurden sechs Übungssprünge aus einer Ju 52 absolviert, einschließlich eines Sprunges aus hundert Meter Höhe. Gelegentlich wurden die Do 23 und die Heinkel 111 bei Sprungübungen eingesetzt.

51

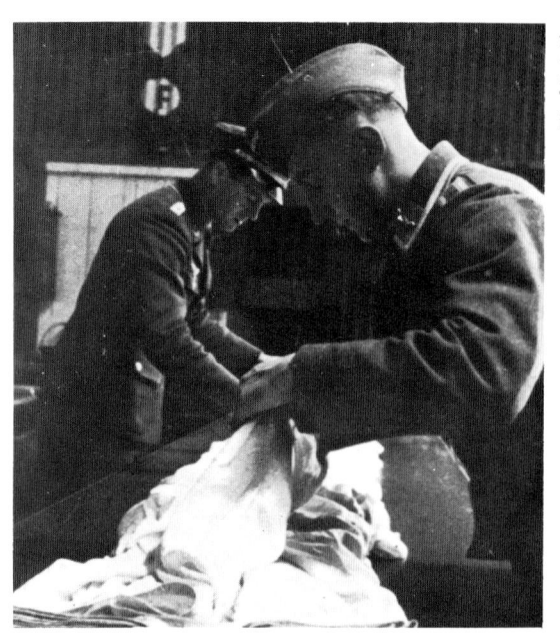

Jeder Springer packte seinen Fallschirm selbst. Dies wurde auf einem besonderen Tisch, wie diesem in Stendal im Jahre 1939, oft geübt.

Stendal: Ein Ausbilder gibt über ein Megaphon Anweisungen zur Korrektur der Landehaltung der Rekruten einer Fallschirmschule.

Die persönlichen Eigenschaften, die verlangt wurden, waren u. a. Härte und körperliche Tüchtigkeit. Bevorzugt wurden besonders aggressive Freiwillige, deren Ausbildung darauf ausgerichtet war, Initiative und Selbständigkeit zu entwickeln. Alle Sprungschüler waren Freiwillige. Offiziere, Unteroffiziere und Mannschaften durchliefen denselben Ausbildungsgang. Sie wurden darin bestärkt zu glauben, daß sie als Soldaten überlegen seien. Zwei von dreien bestanden den Grundlehrgang nicht; aber die Männer weigerten sich selten zu springen, wenn sie erst einmal die Sprungausbildung erreichten.

Beim Erreichen des Absetzplatzes alarmierte der Absetzer, gewöhnlich ein Unteroffizier und Sprungausbilder, auf ein Signal vom Flugzeugführer die Männer mit dem Kommando »Fertigmachen« und betätigte dann eine Hupe als Zeichen, sich auf den Sprung vorzubereiten. Die Karabinerhaken ihrer Fallschirmaufziehleinen wurden an ein Stahlseil, das in Längsrichtung unmittelbar unter dem Dach des Flugzeuges gespannt war, eingehakt. Die alarmierten Fallschirmjäger bewegten sich dann flink zur linken Tür, wobei sie den Haken am Seil nach hinten zogen. Die ganze Gruppe sollte innerhalb von sechs oder sieben Sekunden springen. Nach dem Aussteigen des einzelnen Mannes wurde, wenn der Springer eine kurze Strecke gefallen war, die Aufziehleine mit einem Ruck strammgezogen und riß das Fallschirmpaket auf, wodurch die Fallschirmkappe und die Fangleinen frei wurden.

Anders als die britischen Fallschirmjäger, die durch ein Loch im Rumpf verschiedener umgebauter Bomber und später aufrecht aus der Tür der Dakota (DC-3) ausstiegen, sprangen die deutschen Fallschirmjäger mit ausgestreckten Armen aus dem Ausstieg. Wenn der Fallschirmjäger aus dem Bereich des Fahrtwindes gefallen war und die Fallschirmkappe sich geöffnet hatte, schätzte er schnell die Richtung des Falles ab. Es gab keine Möglichkeit, die Fallschirmkappe während des Falles zu steuern, aber die Jäger unternahmen Versuche, übermäßige Dreh- und Pendelbewegungen durch Abspreizen der Gliedmaßen zu verringern. Dieses Abspreizen konnte gefährlich werden, denn es war unbedingt erforderlich, mit geschlossenen Füßen und Knien auf dem Boden aufzutreffen. Im Augenblick des Auftreffens auf dem Boden rollte sich der Fallschirmjäger in die Fallrichtung ab. Wenn eine Windbö seinen Fallschirm erfaßte, mußte er damit rechnen, ein Stück über den Boden geschleift zu werden. Wenn der Fallschirmjäger Schwierigkeiten hatte, sich aus seinen Fallschirmgurten zu lösen, schnitt er sich mit seinem Kappmesser los.

Nach sechs Sprüngen erhielten die Absolventen der Springerschule das Fallschirmspringer-Abzeichen. Nach 1943 war zum Erwerb des Springerabzeichens außerdem mindestens ein Nachtsprung erforderlich. Die Kampfstärke einer Fallschirmjägerkompanie betrug 144 Offiziere und Mannschaften, die in Gruppen von zwölf Mann gegliedert waren. Drei Fallschirmjägerbataillone mit je drei Kompanien und einer schweren Kompanie mit Granatwerfern und Maschinengewehren bildeten ein Fallschirmjägerregiment. Panzerabwehrwaffen und Gebirgskanonen standen den Regimentern später in zwei besonderen Kompanien (sog. technischen Kompanien) zur Verfügung, die ihnen oder den Kampfgruppen je nach Einsatzzweck zugeteilt wurden. Die Gliederung eines Fallschirmjägerregimentes ähnelte derjenigen des gewöhnlichen Infanterieregimentes. Der große Unterschied bestand darin, daß das Fallschirmjägerregiment kein schweres Gerät hatte.

Ausbildung in Stendal.
Das Lösen von der Kappe auf dem Boden wird mit Hilfe einer improvisierten Windma-
schine geübt.

Warten im Flugzeug auf die Kommandos »Fertigmachen« und »Sprung«.

Die taktische Methode, Fallschirmtruppen einzusetzen, die von General-oberst Student entwickelt worden war, war seine »Ölfleckmethode«, die darin bestand, Einheiten in geschlossenen Gruppen über einem weiten Gebiet abzu-setzen und sie dann so schnell wie möglich zum Einsatz zu sammeln. Die Grundeinheit, eine Fallschirmjägerkompanie, konnte sich unter günstigsten Bedingungen innerhalb von fünf bis zehn Minuten nach der Landung auf dem Boden sammeln. Während sie die zusammengefallenen Schirme zurücklie-ßen, nahmen die Männer schnell ihre Waffen aus den Behältern, die in dem Absetzgebiet verstreut lagen, und trafen sich in Gruppen an den Kompanie-Treffpunkten.

Vor dem Absetzen wurden die Flugplätze, Flugzeuge am Boden und Flug-abwehrstellungen des Gegners von zur Unterstützung eingesetzten Staffeln von Stukas und Jagdbombern heftig bombardiert und mit Bordwaffenfeuer belegt. Der »Einflug« der Absetzmaschinen wurde gewöhnlich durch eine Verstärkung dieser Angriffe und vor allem des Bordwaffenfeuers angekün-digt. Örtliche Konzentrationen des Feindes und die Zugangsstraßen zu den ausgewählten Absetzgebieten wurden ebenfalls systematisch mit Bordwaffen-feuer belegt. Auf Kreta erschienen nach einer Stunde unaufhörlicher Tiefflie-gerangriffe die Ju-52-Transportflugzeuge, und die erste Welle von Seglern, denen Fallschirmjäger folgten, ging vom Himmel nieder.

Die ersten Fallschirmjäger, die landeten, legten Hakenkreuzfahnen als Markierungen für die folgenden Wellen von Flugzeugen aus. Ausgelegte Streifen signalisierten verschlüsselte Meldungen an die Flugzeuge, die die Truppen im Kampf unterstützten und sie versorgten. (Auf Kreta verwendeten die Verteidiger eroberte Streifen, um eine große Menge von gegnerischem Gerät, einschließlich Panzerabwehrkanonen, Fahrrädern, Vorräten und me-dizinischer Ausrüstung anzufordern und zu erhalten.) Die Verbindung zwi-schen den Einheiten und ihrer Einsatzzentrale wurde durch Funk hergestellt, und ein gut durchdachtes, visuelles Boden-Luft-Signalsystem ermöglichte es einem besonders ausgebildeten Beobachter bei den vorgeschobenen Truppen, sich mit Aufklärungsflugzeugen zu verständigen, wodurch eine große Ge-nauigkeit bei der Koordination von Luftangriffen erzielt wurde.

Luftlandetruppen: Infanterie- und Gebirgsdivisionen der Wehrmacht er-hielten eine besondere Ausbildung für den Lufttransport. Sie sollten einge-setzt werden, wenn ein Flugplatz erobert und seine Landebahn für die Lan-dung frei gemacht worden war. Tatsächlich wurde nur eine solche Division, die 22. Luftlandedivision, voll ausgebildet und in den Kampf entsandt. Ein einzelnes Regiment, Infanterieregiment 16, eines der drei Regimenter, die zu dieser Division gehörten, wurde 1938 vom Heer bei einem Manöver erprobt und landete später als Teil der 7. Fliegerdivision während der Besetzung des Sudetenlandes in Freudenthal.

Im März 1939 wurde der Flugplatz von Prag von Heeres- und Luftwaffen-Luftlandetruppen besetzt. Oslos Flughafen wurde etwa ein Jahr später in glei-cher Weise besetzt, wobei 3000 Soldaten innerhalb einer Stunde landeten. Im Jahre 1940 nahm die 22. Luftlandedivision an der Invasion der Niederlande teil. Aber in Holland und später auf Kreta mußten die Ju 52 landen, während die Flugplätze noch unter Feuer lagen, und nur der Staub und der Rauch von explodierenden Granaten rettete die Truppen vor der völligen Vernichtung.

Frankreich 1943: Die Ausbildung der Rekruten auf den Fallschirmschulen in Stendal, später in Dreux und anderswo, war hart und gründlich. Sprung- und Landehaltungen wurden mit Hilfe einer Matratze oder eines von den Kameraden gehaltenen Trampolins geübt. Der Oberjäger, ein Veteran aus Kreta, zeigt die richtige Art, den Fallschirmgurt einzustellen und die richtige Haltung für das Verlassen des Flugzeuges. Die Öffnung hat die gleiche Größe wie die Tür einer Ju 52.

56

Die Soldaten der Infanterie- und Gebirgsdivisionen waren in kleine, selbständige Gruppen aufgeteilt. Sechzehn oder sogar achtzehn leicht ausgerüstete Soldaten flogen jeweils in einem Flugzeug zusammen. Eine leichte Gebirgskanone (die Skoda 16) und sechs Mann benötigten drei Flugzeuge; eines für die Kanone und ihre Bedienungsmannschaft und zwei weitere für Zubehör, in denen noch etwas Platz für weitere Soldaten verblieb. Bei dem Einsatz auf Kreta flogen die Soldaten der 5. Gebirgsdivision mit ihrer Ausrüstung in Abteilungen von sieben oder acht Mann pro Ju 52, während in Holland die 22. Infanteriedivision jeweils neun oder zehn Mann mit Ausrüstung pro Flugzeug transportiert hatte. Nach Kreta wurden weder die 22. noch irgendeine Gebirgsdivision wieder bei einem Luftlandeeinsatz verwendet.

Geheimbericht der Lufttransportgruppe Kampfgruppe z.b.V. 9 über den Einsatz in Holland

Einsatz:
8 Flugzeuge in 2 Schwärmen unter Führung von Hptm. Külbel und Hptm. Wildau hatten den Auftrag, auf geeignetem Landeplatz 8 Verladeeinheiten der 14./I R 65, etwa 70 Mann, mit 4 Geschützen, ohne Pferde abzusetzen. Es war verboten, auf Plätzen, die nicht einwandfrei in unserer Hand waren, zu landen. Da Platz II und III und Umgebung weiterhin unter starkem Feuer standen, erfolgte die Landung auf Platz IV Waalhaven. Kurz vorher wurde das 4. Flugzeug des ersten Schwarmes (9 P+BH) abgeschossen und verbrannte. Die übrigen entluden an der NO-Seite. Der Platz stand unter Artilleriebeschuß. Außerdem detonierten englische Bomben mit Zeitzünder. Da weitere Bombenangriffe zu erwarten waren, wurde ohne Verzögerung gestartet. Rückflug ohne Zwischenfall.

Start in Lippspringe   14.35 Uhr,
Landung in Lippspringe zwischen   18.30–18.45 Uhr.

Später im Krieg, wie dieses Bild aus dem Jahre 1943 zeigt, wurden die Übungen realistischer durch Angriffsübungen unter entsprechenden Bedingungen.

Militärische Einsätze – Kriegsbeginn

Der deutsche Angriff auf Kreta am 20. Mai 1941 sollte eine höchst eindrucksvolle Demonstration der deutschen Methode werden, Luftlandeeinsätze im Zweiten Weltkrieg auszuführen.

Bei diesem Unternehmen wurden Transportflieger-, Jagdflieger- und Stukageschwader, Luftlandetruppen in Seglern und Fallschirmtruppen der Luftwaffe sowie Luftlandetruppen des Heeres, unterstützt durch Landungen von See her, in einem kühnen Plan zusammen eingesetzt, um die von entschlossenen britischen, Commonwealth- und griechischen Soldaten und kretischen Einwohnern gehaltenen und von der britischen Kriegsmarine geschützten Verteidigungsstellungen der Insel im Handstreich zu nehmen.

Obwohl Kreta schließlich zu einem Triumph für die deutschen Waffen wurde, hätte der Einsatz beinahe als Katastrophe geendet. Der Einfall auf Kreta, der dem früheren Triumph der deutschen Panzertruppe in Frankreich folgte, zeigte überzeugender als die vorherigen Erfolge in Belgien und Holland, daß Luftlandetruppen in großer Zahl bei dieser neuen Form der Kriegsführung erfolgreich eingesetzt werden konnten. Obgleich seit Anfang der dreißiger Jahre russische Fallschirmjäger bei militärischen Manövern in Erscheinung getreten waren, hatten sich die Briten und die Amerikaner wenig Gedanken über die Aufstellung von Fallschirmtruppen gemacht. Im Jahre 1940 befahl Winston Churchill die Gründung der ersten britischen Fallschirmjägereinheit, aber erst nach Kreta wurden die führenden Militärs des Westens aufgerüttelt, sich Gedanken über die zukünftige Rolle von Luftlandetruppen zu machen. Obwohl auch die Luftlandetruppen der Alliierten bei ihren Einsätzen Triumphe und Katastrophen erlebten, entwickelten sich ihre Ideen so gut weiter, daß alliierte Fallschirmjäger eine wichtige Rolle beim endgültigen Sieg über die deutsche Wehrmacht in Nordwesteuropa spielten.

Schon im späten 18. Jahrhundert hatte man an Fallschirmsprünge von Heißluftballons aus gedacht, aber der eigentliche Beginn der Entwicklung der deutschen Luftlandetruppe sollte auf die Zeit des Ersten Weltkriegs zurückgeführt werden. Artillerieoffiziere beider Seiten hatten oft mit dem Fallschirm abspringen müssen, wenn ihre Fesselballons von Maschinengewehr- oder Gewehrfeuer zerstört wurden. In den späteren Kriegsjahren gelang es vielen Flugzeugführern, mit dem Fallschirm abzuspringen, wenn ihre Flugzeuge im Luftkampf abgeschossen wurden. Die Luftwaffen landeten Aufklärungs- und Sabotageagenten hinter beiden Seiten der Front oder setzten sie mit dem Fallschirm ab. Diese Unternehmen waren ab 1916 in der Hauptsache auf den Einsatz eines oder einiger völlig auf sich selbst gestellter Agenten beschränkt. Ein Beispiel hierfür war das Absetzen von vier italienischen Agenten für einen Aufklärungsauftrag hinter den österreichischen Linien im Jahre 1918.

Von größerer Bedeutung für die alliierte Seite war ein Plan des amerikanischen Colonels William »Billy« Mitchell, dem späteren General Mitchell,

2000 Flugzeuge einzusetzen, um eine Fallschirmdivision im Rücken der Hindenburglinie abzusetzen und die Stadt Metz von hinten anzugreifen. Mitchells Plan wurde Mitte 1918 vor der großen Herbst-Siegesoffensive entworfen, als das amerikanische Expeditionskorps in Lothringen schon bei Belagerungskämpfen in Richtung Metz eingesetzt war. Es war Mitchell und einem jüngeren Offizier – Lewis Brereton – nicht bekannt, daß die Kanonen der Festung Metz verlegt worden waren. Die Mittel, ein Luftlande-»Cannae« durchzuführen, waren im Jahre 1918 nicht vorhanden. Colonel Mitchells visionärer Plan, der nicht die Unterstützung von General Pershing, dem amerikanischen Oberbefehlshaber, erhielt, war ganz ohne Zweifel ebenso fortschrittlich in der Konzeption, wie seine kühnen Ideen über den Einsatz des Flugzeuges als strategischer Bomber.

Nach dem Krieg verfolgte General Mitchell unbeirrt seine Ideen an strategischen Bombeneinsätzen und Luftlandeunternehmen, und in Zeitschriftenartikeln und einem in den frühen zwanziger Jahren an den Luftwaffenstab der Vereinigten Staaten gerichteten Referat brachte er seine Theorie des Luftlandeeinsatzes vor. Unterstützt wurde seine These durch einen Demonstrationsabsprung von sechs Mann, die aus einem einzigen Flugzeug auf den Fliegerhorst Kelly in Texas absprangen. Diese Bemühungen wurden nicht beachtet, und es war dem General verwehrt, seine Gedanken im größeren Rahmen zu überprüfen.

Bei sich ergebenden Gelegenheiten zu militärischen Einsätzen in Europa oder im Mittleren Osten unternahmen die Streitkräfte von Italien, England und Frankreich in den zwanziger und frühen dreißiger Jahren Versuche, Truppen im Lufttransport zum Einsatz zu bringen. In dieser Zeit gab es viele nützliche Hinweise auf die Entwicklung des Fallschirms und auf die Methoden beim Lufttransport von Truppen.

Bei der englischen Luftwaffe (Royal Air Force) wurden Truppentransport-Flugzeuge im Jahre 1922 eingeführt, vor allem die Vickers Vernon, eine Weiterentwicklung des Vickers-Vimy-Bombers aus dem Ersten Weltkrieg. 1923 wurden Truppen zum Einsatz in den Irak geflogen, um dort kämpfende Truppen gegen aufständische Stämme zu unterstützen. Während der Wirren des Jahres 1932 in demselben Gebiet wurde ein Infanteriebataillon von Ägypten eingeflogen, um die dortige Garnison zu verstärken – ein zukunftweisendes Unternehmen, das die oberste Führung der britischen Armee aber nicht beeindruckte.

Tatsächlich entstand bis Juli 1940 keine englische Fallschirmtruppe. Nachdem man im Juni den Erfolg des deutschen Luftlandeangriffes auf die Niederlande vermerkt hatte, ordnete Winston Churchill persönlich die Aufstellung eines britischen Fallschirmjägerbataillons an. Dementsprechend erhielt das 11th Special Air Service Battalion (No 2 Commando) bei der Royal Air Force in Ringway in der Nähe Manchesters Fallschirmausbildung, wodurch der Kern der britischen Luftlandetruppen entstand.

In den Vereinigten Staaten war es General Mitchell nach wie vor unmöglich, offizielle Unterstützung für seine Theorien zu erhalten. Nachdem er gegen seine Kameraden den Vorwurf der Unfähigkeit erhoben hatte, wurde Mitchell im Jahre 1926 vor ein Kriegsgericht gestellt und gezwungen, seinen Abschied zu nehmen. Mitchell fuhr fort, seine Theorien vorzutragen und vor dem japanischen Angriff zu warnen. Er starb im Jahre 1936, wurde aber 1942 posthum wieder zum Major-General befördert, nachdem seine Warnungen und Voraussagen eingetreten waren. 1941 wurde eine Fallschirmgruppe und eine Springerschule in Fort Benning eingerichtet, und ernst zu nehmende Versuche mit Seglern und Luftlandeverfahren begannen ebenfalls. Zu Anfang des Zweiten Weltkrieges besaßen somit weder England noch die USA kampfkräftige Luftlandetruppen.

Der italienische Generalstab begrüßte neue Ideen, und im November 1927 fand in der Nähe von Mailand ein Massenabsprung italienischer Fallschirmjäger statt. Anders als der amerikanische handgezogene Fallschirm, der von Leslie L. Irvin schon 1919 in Dayton, Ohio, entwickelt und verwendet worden war, setzten die Italiener einen sehr zuverlässigen, von einer Aufziehleine geöffneten Fallschirm ein. Dieser Fallschirm wurde auch von ihren Flugzeugführern verwendet, die ihre Aufziehleine einhakten, bevor sie aus einer flugunfähigen Maschine ausstiegen. Obwohl General Guidoni, ein führender italienischer Verfechter des Luftlandeeinsatzes, ein Jahr später tödlich verunglückte, als sich sein Fallschirm nicht öffnete, wurden die Versuche fortgesetzt, und die Italiener stellten vollständige Fallschirmjägerbataillone auf, aus denen später die Divisionen Folgore und Nembo entstanden, die 1942 für die geplante Invasion Maltas vorgesehen waren. Es war das Schicksal dieser erstklassigen italienischen Divisionen, daß sie nie an einem Luftlandeeinsatz großen Ausmaßes teilnahmen.

In Frankreich, wo in den fünfziger Jahren der Mythos der »Paras« die vergleichsweise mächtige französische Armee durchdrang, wurden zwei Kompanien der »Infanterie de l'Air« aufgestellt, aber bereits vor 1939 wieder aufgelöst. Nach dem Zweiten Weltkrieg wurden in Frankreich – ebenso wie in der UdSSR – die Entwicklung des Fallschirmsports und insbesondere das Springen in freiem Fall in großem Ausmaß gefördert.

Nur in der UdSSR bereitete man vor 1939 in großem Stil Aufstellung und Einsatz von Luftlandetruppen vor. Schon an den russischen Manövern im Jahre 1930 nahmen Fallschirmjäger teil, und ein Jahr später wurde sie in kleinen Gruppen gegen Banditen in Zentralasien eingesetzt. In den Jahren 1935 und 1936 hatten die Russen in Manövern ihr Verfahren der Massenabsprünge aus viermotorigen Transportflugzeugen gezeigt. Dies was das erste Mal, daß die wirkungsvolle militärische Anwendung des Fallschirmspringens gezeigt wurde. Augenzeugen und Beobachtern von Wochenschaufilmen des Manövers im Jahre 1935 wurde vorgeführt, wie die Fallschirmjäger auf eine am Heck des Ant-14-Transportflugzeuges angebrachte Absprungbühne kletterten. Nachdem sie sich in einer ungeschützten und ziemlich offenen Stellung eingerichtet hatten, sprangen sie in den freien Raum, wobei sie die Reißleine ihres Fallschirmes von Hand aufzogen.

Bei dem Manöver im Jahre 1935 war Major-General Earl Wavell, der spätere Field-Marshal, Zeuge der Vorführung der russischen Fallschirmtruppen. Insgesamt 1500 Soldaten wurden mit leichten Waffen und Gerät ohne Zwischenfälle abgesetzt. Wavell verließ Rußland, ohne die großen Möglichkeiten von Luftlandeeinsätzen erkannt zu haben. Fünf Jahre später war er der britische Oberbefehlshaber im Nahen Osten, in dessen Verantwortungsbereich auch die Verteidigung der Insel Kreta lag.

60

Deutschland 1939: Zum erstenmal nehmen Fallschirmtruppen an einer Parade in Berlin teil. Adolf Hitler nimmt die Parade ab.

Daß es den Russen nicht gelungen war, die Erfahrungen ihrer frühen Versuche in den dreißiger Jahren anzuwenden, wurde offensichtlich, als ihre Fallschirmverbände während des Zweiten Weltkrieges wenig Erfolg hatten. (In kleinem Umfang wurden jedoch Fallschirmjäger in Verbindung mit Partisanen erfolgreich eingesetzt.) Nur in Deutschland wurde der Gedanke an Luftlandeeinsätze, wie er vor dem Kriege entwickelt worden war, verwirklicht. Dies war dem Weitblick und der Begeisterung einer Gruppe von vorwärts schauenden Heeres- und Luftwaffenoffizieren zu verdanken. Die Luftlandearmeen, mit denen die Luftwaffe im Jahre 1941 Kreta eroberte und die den alliierten Truppen später als Speerspitze bei der Invasion in der Normandie und der Überquerung des Rheines dienten, verdankten der bahnbrechenden Arbeit General Students und seiner Kameraden sehr viel.

Ein wichtiger Schritt bei der Durchführung der deutschen Pläne zur Entwicklung einer Luftlandetruppe war die Massenproduktion eines zuverlässigen Transportflugzeuges, der Junkers Ju 52, die von der Lufthansa 1932 als Linienmaschine eingeführt wurde und schon damals insgeheim zum Umbau als Bomber und Militärtransporter vorgesehen war. Die Rolle der Ju 52 und ihr Platz in der Konzeption der Luftlandetruppen ist schon beschrieben worden, aber es muß hier noch eine zweite Rolle erwähnt werden, in der dieses vielseitig verwendbare Flugzeug oft eingesetzt wurde. Die Nützlichkeit der Ju 52 beim Transport von Truppen zeigte sich zu Beginn des spanischen Bürgerkrieges, als ein Geschwader von dreißig dieser Maschinen General Franco dabei unterstützte, eine Truppe von 9000 marokkanischen Soldaten und Legionären, Artillerie, Maschinengewehre und Munition über das Mittelmeer von Nordafrika nach Sevilla zu fliegen. Die erfolgreiche strategische Verlegung einer so großen Truppe veränderte das Gleichgewicht der Kräfte zwischen den sich gegenüberstehenden Truppen in einem entscheidenden Stadium der Schlacht.

Das Datum, das allgemein als der Geburtstag der deutschen Luftlandetruppen angesehen wird, ist der 29. Januar 1936. An diesem Tage erließ Hermann Göring als Chef der Luftwaffe und Luftfahrtminister einen Befehl über die Aufstellung eines Fallschirmjägerregimentes, dessen erstes Bataillon zusammen mit der Fallschirmschule in Stendal stationiert war. Freiwillige wurden aus dem Regiment Hermann Göring, einer Abteilung der früheren preußischen Polizei, rekrutiert. Kommandeur des Regimentes wurde Oberst Bruno Bräuer.

Das Heer interessierte sich ebenfalls dafür, die Möglichkeiten von Luftlandeeinsätzen zu untersuchen, und im gleichen Jahr wurde in Stendal eine Fallschirm-Infanterie-Kompanie aufgestellt, die später zu einem vollen Bataillon, dem Fallschirm-Infanteriebataillon, erweitert wurde. Kommandeur dieses Heeresbataillons wurde Richard Heidrich.

Sofort nachdem 1936 die Schule in Stendal eingerichtet worden war, wurde Major F. W. Immans die Verantwortung für die Ausbildung und die Entwicklung der deutschen Luftlandetruppen übertragen. Im Jahre 1937 erhielt Oberst Bassenge das Kommando über die Schule. Ungefähr zu dieser Zeit konzentrierte sich die technische Entwicklung des deutschen Fallschirms auf die Aufziehleine vom Typ »Salvator«, die von der italienischen Luftwaffe entwickelt worden war. Versuche in Stendal hatten gezeigt, daß von Hand aufgezogene Fallschirme für Absprunghöhen von weniger als 180 Metern nutzlos waren. Die Anforderungen an die Ausbildung und die Einsatzerfordernisse verlangten eine Absetzhöhe von höchstens 90 Metern, was ein schnelles Entfalten der Fallschirmkappe notwendig machte. Für diesen Zweck war die automatische Aufziehleine für die Öffnung des Fallschirms besser geeignet.

Bassenge, der das Interesse des Generalstabes am taktischen Einsatz von Luftlandetruppen fördern wollte, organisierte eine Übung, in der vierzehn Abteilungen mit dem Fallschirm abgesetzt wurden, um Eisenbahneinrichtungen in »feindlichen« Gebieten anzugreifen. Adolf Hitler und hohe Offiziere, die bei dieser Demonstration anwesend waren, waren höchst beeindruckt, aber zu dieser Zeit bestand noch kein fester Plan für die systematische Organisation und den Einsatz dieser neuen Teilstreitmacht der Wehrmacht.

Die Demonstration des Oberst Bassenge, die von Mannschaften von Hermann Görings Regiment durchgeführt wurde, zeigte die Schnelligkeit und die Wirksamkeit, mit der Sabotageeinsätze von Fallschirmjägern ausgeführt werden konnten. Ein Zug der SS erhielt ebenfalls Fallschirmsprungausbildung, denn es war die Absicht der SS, einen Kader für einen späteren SS-Fallschirmverband zu bilden.

Vor dem Einmarsch in die Tschechoslowakei 1938 erhielt Oberst Bassenge die Anweisung, seine Fallschirmjäger in Alarmbereitschaft zu versetzen und eine Abteilung der SA in sie einzugliedern. Der Oberst bezweifelte jedoch den militärischen Nutzen dieser Anordnung und empfahl, die Abteilung Feldherrnhalle der SA durch ein Infanterieregiment zu ersetzen. Sein Vorschlag ging dahin, das Infanterieregiment 16 bei Luftlandeeinsätzen im Sudetenland zu verwenden. Die Abteilung der SA erhielt trotzdem die Fallschirmsprungausbildung und bildete eine separate Einheit.

Bassenge, der sowohl für die Ausbildung als auch für den taktischen Einsatz der Luftlandeeinheiten verantwortlich zeichnete, sah seine Aufgaben als zu umfangreich für einen einzigen Mann an. Dementsprechend wurde der Oberbefehl über die Truppe am 1. Juli 1938 einer neuen Dienststelle übertragen, die von Generalmajor Kurt Student, der damals Generalinspekteur der Schulen der Luftwaffe war, übernommen wurde.

Die zusammengewürfelten Einheiten, die General Student übernahm, umfaßten zwei Fallschirmjägerbataillone (Oberst Bräuer und Major Heidrich), ein Bataillon des Regimentes Hermann Göring (Major Sydow), das Infanterieregiment 16 (Oberst Kreysing), die Abteilung des SA-Regimentes Feldherrnhalle sowie zusätzliche Artillerie- und Sanitätseinheiten. Eine kleine, aus zwölf DFS 230 bestehende Seglereinheit (Leutnant Kieß) und ein Geschwader von 250 Ju-52-Flugzeugen (Oberst Morzik) standen zur Verfügung, um diese Einheiten zu transportieren. Student und sein Stab zielten darauf ab, diese Einheiten zu einer »leichten« Fallschirmdivision zu entwickeln, aber anfangs war ihnen keineswegs klar, was sie mit diesem wagemutigen Gedanken meinten.

Im September 1938 hatte General Student die in einem gewissen Grade improvisierte 7. Fliegerdivision aufgestellt, die für Luftlandeeinsätze um Freudenthal in der mährischen Provinz der Tschechoslowakei vorgesehen war. Aber die Tschechen traten das Sudetenland kampflos ab, und der Einsatz wurde gestrichen. Dessen ungeachtet wurden am 7. Oktober 1938 Teile der 7. und 22. (Luftlande-)Division zur Übung nach Freudenthal geflogen, und viele der Transportflugzeuge landeten auf offenen Feldern in der Nähe ihrer Angriffsziele. Göring persönlich beobachtete diese Übung und war sehr beeindruckt. Anschließend wurden die Einheiten nach Deutschland zurückgezogen und wieder verteilt. Das Infanterieregiment 16 ging zu seiner Division, der 22. (Luftlande-)Infanteriedivision, zurück, während die Abteilung der SA wieder ihre frühere politische Rolle übernahm.

Student erhielt nun den Posten eines Inspekteurs der Fallschirmtruppe im Luftfahrtministerium mit der Verantwortung für die technische Entwicklung dieser neuen Teilstreitkraft. Während der nächsten sieben Jahre sollte Student mehr als jeder andere zur Führung, Organisation und militärischen Wirksamkeit der deutschen Luftlandetruppen beitragen.

Der Vorteil der Luftlandetruppen, wie er in jenen frühen Tagen von Oberst Bassenge vorausgesehen wurde, lag in ihrer Fähigkeit, überraschend und schnell Ziele anzugreifen, die außerhalb der normalen Reichweite der Bodentruppen lagen. Brücken, Flugplätze, Nachrichten- und Nachschubzentren im Hinterland des Feindes waren offensichtlich geeignete Ziele, die man zur Unterstützung der im Vormarsch befindlichen Bodentruppen einnehmen sollte.

Aber General Student sah voraus, daß die Rolle der Luftlandeeinheiten viel weiter ging als ihre Verwendung als eingeflogene Kommandos und Zerstörgruppen, die zur taktischen Unterstützung einer Heereseinheit eingesetzt wurden. Er sah ihren Status als unabhängige Truppe voraus: durch eigene Flugzeuge zum Einsatz geflogen, unterstützt von gut ausgebildeten und gut ausgerüsteten Einheiten einschließlich Pionieren, Artillerie- und Nachrichtenleuten. Die Wirksamkeit dieses Konzeptes zeigte sich später bei der Invasion Kretas.

Gegen Ende 1938 war die Befehlsgewalt über alle Fallschirmeinheiten der Luftwaffe übertragen worden. Hitler, der persönliches Interesse für die Entwicklung der Luftlandetruppe zeigte, befahl, daß die Luftwaffe den Oberbefehl über alle Luftlandeeinsätze haben sollte, bis die Verbindung zwischen Luftlande- und Bodentruppen hergestellt war. Dieser Erlaß trug viel dazu bei, die Unterstellungsverhältnisse und Verantwortlichkeiten, die bis dahin zwischen Heer und Luftwaffe geteilt waren, zu klären.

Im Interesse einer einheitlichen Entwicklung übergab das Heer seine Fallschirmjäger an die Luftwaffe, und das Bataillon von Major Heidrich wurde das II. Bataillon des FJR 1. Der Generalstab des Heeres behielt jedoch sein Interesse an Entwicklungen des Lufttransportes und unternahm weiterhin Versuche mit dem Infanterieregiment 16 und der 22. Infanteriedivision. Die anderen Regimenter der Division, das 47. und 65. Regiment, wurden jedoch bis Anfang 1940 nicht in Luftlandeverfahren ausgebildet.

Mit nur wenigen Ausnahmen lag die Verantwortung für die im Zeitraum 1939 bis 1945 unternommenen Luftlandeeinsätze bei der Luftwaffe, oft ohne Absprache der Planung mit dem Heer oder dessen Unterstützung bei der Durchführung. Obwohl das Interesse der SS an dem Gedanken des Luftlandeeinsatzes lange Zeit nicht zu Tage trat, stellte sie später im Krieg mehrere »Spezial«-Einheiten auf, die bei gemeinsam mit der Abwehr ausgeführten Operationen für sich beanspruchen, an wagemutigen und einfallsreichen Luftlandeüberfällen teilgenommen zu haben.

Das 1939 aufgestellte Regiment Brandenburg z.b.V. wurde für solche Kommandoeinsätze ausgebildet und hatte auch eine Seglerabteilung. Dieses Regiment, das zum großen Teil aus Ausländern bestand, wurde im Krieg von der Spionageabwehr – Abwehr II – für Sabotageeinsätze verwendet und später in Regimentsstärke als Infanterieeinheit gegen Partisanengruppen in Südosteuropa eingesetzt. Die Erweiterung auf Divisionsstärke und die endgültige Umformung zu einer normalen Panzergrenadierdivision brachte die Brandenburger im Dezember 1944 an die Ostfront. Das Kommando über das Fallschirmbataillon war jedoch schon der SS übertragen worden, als sie nach dem Attentat auf Hitler in Rastenburg im Juli 1944 die Sicherheits- und Abwehraufgaben der Abwehr II übernahm.

Ein weiteres Ergebnis dieser Umwälzung war die Aufstellung eines besonderen SS-Jagdverbandes im Oktober 1944 unter dem Kommando des SS-Obersturmbannführers Otto Skorzeny. Dieser Einheit unterstellt war das SS-Fallschirmjägerbataillon 500, das für Sabotage und Bekämpfung von Aufständen eingesetzt wurde, ebenso wie vorher die Division Brandenburg. Keine dieser »Spezial«-Einheiten war jemals Teil der Luftwaffe, und ihre Tätigkeit erreichte nur gelegentlich den Umfang der Einsätze der Luftlandetruppen.

Skorzeny ermutigte Angehörige der Division Brandenburg, in den Jagdverband überzutreten, aber nur wenige Brandenburger traten tatsächlich der SS bei.

Im September 1939 wurde die 7. Fliegerdivision in den nordwestdeutschen Garnisonsstädten Braunschweig, Hildesheim, Gardelegen und Tangermünde unter dem Kommando von Generalleutnant Student aufgestellt. Nachdem sie schon einige kleinere Einsätze hinter sich hatten, wurden die Luftlandetruppen als jüngster Teil der Streitkräfte fest eingerichtet. Ihre Ausbildung und Ausrüstung machte sie zu einem Kampfverband, der seinesgleichen auf der Welt suchte. 1939 nahmen die Fallschirmjäger unter Oberst Bräuer an der großen Militärparade in Berlin teil. Dies war das erste Mal, daß sie der deutschen Öffentlichkeit vorgestellt wurden.

Die Ereignisse verhießen scheinbar Gutes für die neue Teilstreitkraft, aber als im Juni General (der spätere Feldmarschall) von Brauchitsch eine besonders angesetzte Übung in Munsterlager beobachtete, ließ er sich von der potentiellen Bedeutung des Luftlandeeinsatzes nicht überzeugen. Der General kommentierte:

»Das steckt noch in den Kinderschuhen und ist im Zusammenhang mit dem taktischen Einsatz nur ein Tropfen auf den heißen Stein. Wenn Sie (Student) mehr erwarten, dann sind Sie in der Tat ein großer Optimist.«

Die konservative Haltung des Generals spiegelte die Meinung vieler Angehöriger des deutschen Generalstabs wider, aber die Fallschirmjäger fanden zumindest einen Freund in von Kluge, der diese Neuerung begrüßte. Er war es, der als der kommandierende Offizier im Gebiet Hannover die Luftlandeversuche mit dem Infanterieregiment 16 förderte.

Es wurde nun eine Entscheidung gefällt, den beiden bestehenden Bataillonen ein drittes hinzuzufügen. Es wurden Pläne für die Aufstellung zweier weiterer Regimenter – FJR 2 und FJR 3 – besprochen. Jedes Regiment bestand aus drei Bataillonen, und Sanitäts-, Panzerabwehr-, Aufklärungs- und Nachrichtenabteilungen unterstanden direkt dem Regimentsstab. Ungefähr zu dieser Zeit wurde der inzwischen zum Generalmajor beförderte Bassenge, der Chef des Divisionsstabes, als Luftwaffenkommandeur nach Wien versetzt. Die Division war noch im Aufbau befindlich, als Hitler am 1. September 1939 den Angriff auf Polen befahl.

Während des Polenfeldzuges wurde die 7. Fliegerdivision nach Niederschlesien verlegt, um dort in Bereitschaft abzuwarten, ob sich irgendwelche Gelegenheiten zu Luftlandeeinsätzen während des Feldzuges ergeben würden. Davon unabhängig wurde das Infanterieregiment 16 zur Verstärkung der Infanterie nördlich von Lodz eingesetzt. Pläne, Brücken für die vormarschierenden Panzertruppen zu sichern und Flußübergänge abzuschirmen sowie polnische Reserven westlich von Warschau zu isolieren, erwiesen sich durch den schnellen Zusammenbruch der polnischen Armee als unnötig.

Militärische Einsätze – Luftlandeunternehmen

Die Invasion Dänemarks und Norwegens fand gleichzeitig am 9. April 1940 statt. Einheiten des Fallschirmjägerregiments 1 wurden in Kompaniestärke in Dänemark bei Aalborg und Vordingborg in kleinen, aber entscheidenden Angriffen eingesetzt, um strategisch wichtige Brücken und Flugplätze zu sichern. Dänemark fiel am selben Tag, fast ohne Blutvergießen.

Schlechtes Wetter am 9. April verhinderte einen geplanten Luftlandeangriff auf den Osloer Flughafen durch das Fallschirmjägerregiment 1, aber später fiel die Stadt eingeflogenen Einheiten in die Hände. Diese Einheiten wurden auch gegen Stavanger an der Westküste Norwegens und gegen Dombas in Mittelnorwegen eingesetzt. In Dombas wurden die deutschen Truppen Mitte April in ein vier Tage dauerndes Gefecht mit norwegischen Truppen verwickelt, die kämpften, um mit den in Andalsnes gelandeten britischen Truppen Verbindung aufzunehmen. Die Fallschirmjäger mußten sich ergeben, als der Nachschub an Munition durch das schlechte Wetter verhindert wurde. In der nördlichsten Schlacht um Narwik wurden Fallschirmjäger des I. Bataillons dem Heer als Verstärkung für General Dietl zugeteilt; sie blieben für einige Zeit, nachdem die Alliierten am 9. Juni aus Norwegen abgezogen waren, in Narwik.

Als Hitler am 10. Mai seine Aufmerksamkeit den Niederlanden zuwendete, sollte die 7. Fliegerdivision zum erstenmal eingehend geprüft werden. Brücken, Flugplätze und Befestigungen in Belgien und Holland sollten von Einheiten, die in Bataillons- und Kompaniestärke operierten, erobert werden. Die Einnahme dieser Ziele war von größter Bedeutung für den erfolgreichen Vormarsch der Armeegruppen A und B über die belgische und holländische Grenze. Der Gedanke selbst kam von Hitler, aber der Einsatzplan wurde von General Student entworfen und durchgeführt. Ungefähr 4500 ausgebildete Fallschirmjäger waren bereit für den Einsatz. Ihr Gros, das von der 22. Luftlandedivision mit 12 000 Mann unterstützt wurde, sollte gegen Holland eingesetzt werden. Eine demgegenüber wesentlich kleinere Anzahl sollte gegen Belgien entsandt werden, wobei ihre geringe Stärke durch weit verstreut abgesetzte Fallschirmpuppen ausgeglichen werden sollte, eine List, die die Verteidigung in Verwirrung brachte und sie glauben ließ, daß die gegen sie eingesetzte Zahl viel größer war, als es tatsächlich der Fall war.

Vor dem ersten Tageslicht des 10. Mai, dem ersten Tag des sog. Falles Gelb, nahm eine gemischte Truppe aus Seglereinheiten und Fallschirmsoldaten der Sturmabteilung Koch Kurs von ihrem Einsatzflughafen in Köln-Wahn auf die belgische Grenzfestung in Eben Emael. Gleichzeitig wurden drei benachbarte Brücken über den Albert-Kanal angegriffen.

Eben Emael lag am nördlichen Ende des Lütticher Festungssystems. Seine Maschinenkanonen bedeckten die benachbarten Übergänge über den Albert-Kanal, einschließlich der nahegelegenen Brücke bei Kanne. Die Artillerie-

Auf der Straße nach Waalhaven bereiten sich Fallschirmjäger und luftgelandete Infanterie des Infanterieregimentes 16 auf den Vormarsch in die Stadtmitte vor.

batterien bedeckten die Straßen, die von Maastricht westwärts führten, und die etwas weiter nördlich gelegenen Brücken bei Vroenhoven und Veldwezelt. Hauptmann Kochs Aufgabe war die Einnahme der Festung und der drei benachbarten Brücken.

Die moderne Festung Eben Emael war erst kurz vorher gebaut worden. Sechs äußere Wälle aus Stahlbeton umschlossen ein Gebiet von etwa 900 m in Nordsüdrichtung und bis zu 700 m in Ostwestrichtung. Der längste Wall lag 4 m über dem Kanal. Die anderen Wälle verdeckten Fluttore und wurden von außerhalb gelegenen Gräben und Stacheldraht geschützt. Zusätzlich zu den Maschinenkanonen und der Feldartillerie waren innerhalb der Wälle Schnellfeuerkanonen, Flugabwehrkanonen und Scheinwerfer aufgestellt. Die aus etwa 1000 Infanterie- und Artilleriesoldaten bestehende Besatzung der Festung hatte Nahrungs- und Wasservorräte für zwei Monate.

Die von Hauptmann Koch im November 1939 in Hildesheim aufgestellte Sturmabteilung Koch bestand aus der von ihm geführten ersten Kompanie FJR 1 und dem Fallschirm-Pionierzug unter Oberleutnant Witzig. Man nahm an, daß die Brücken kein Problem sein würden und teilte Kochs Kompanie in drei entsprechende Abteilungen auf. Veldwezelt, Vroenhoven und Kanne wurden den Sturmgruppen »Stahl« (Altmann), »Beton« (Schacht) und »Eisen« (Schächter) zugeteilt. Während diese Sturmgruppen mit dem Fallschirm abgesetzt werden sollten, sollte eine Gruppe von DFS-230-Seglern mit dem Pionierzug (»Granit«) innerhalb der Wälle der Festung landen. Zweiundvierzig Ju 52 wurden für das Schleppen von Seglern und das Absetzen von

67

Fallschirmsoldaten bereitgestellt. Die Segler-Flugzeugführer unterstanden dem Kommando von Oberleutnant Kieß.

Noch vor dem Morgengrauen des 10. Mai wurden die elf Segler DFS 230 in die Luft geschleppt. Die Segler wurden vor Überfliegen der deutschen Grenze ausgeklinkt, und alle bis auf vier segelten über den schmalen Streifen von Holland und landeten 35 Minuten später zwischen den schlafenden belgischen Soldaten in Eben Emael. Zwei Segler machten unterwegs eine Bruchlandung, und zwei landeten an falschen Zielen. Während des Tages wurden die Brükken bei Veldwezelt und Vroenhoven unzerstört eingenommen, aber die belgischen Pioniere gelangten zuerst in Kanne an und sprengten die Brücke angesichts der Angreifer in die Luft.

Innerhalb der Festung sprangen 55 Pioniere aus Oberleutnant Witzigs Sturmgruppe »Granit« aus den sieben Seglern, sprengten die Eingänge zur Festung auf und zerstörten zwei 12-cm-Kanonen und neun 7,5-cm-Kanonen mit ihren geballten Ladungen, bevor sich die belgischen Soldaten ergaben. Insgesamt wurden vierzehn Kanonen mit neuen 50-kg-Hohlladungen, die zum erstenmal im Einsatz verwendet wurden, zerstört. Oberleutnant Witzigs Zug war nun mit etwa 700 Belgiern eingeschlossen, aber ein deutscher Pionierstoßtrupp traf im Morgengrauen des folgenden Tages ein. Die unter großer Geheimhaltung ausgebildete und mit Kühnheit und Entschlossenheit eingesetzte Sturmabteilung Koch beschleunigte durch ihre hervorragende Kriegslist in Eben Emael wesentlich den Einmarsch der deutschen Armeegruppe A in die Niederlande.

Es war die strategische Absicht des deutschen Generalstabes, den Widerstand der Holländer schnell zu lähmen und die Bewegung ihrer Reserven durch die Einnahme Den Haags, Rotterdams und weniger anderer lebenswichtiger Zentren zu unterbrechen. Sowohl die 7. Fliegerdivision als auch die 22. Luftlandedivision wurden am 10. Mai im Rahmen eines ad hoc gebildeten Luftlandekorps unter General Student eingesetzt. Im Süden führte Student persönlich die 7. Fliegerdivision von seinem auf dem Flughafen Waalhaven gelandeten Hauptquartier aus, das später in Dordrecht in Südholland eingerichtet werden sollte, während im Norden Graf von Sponeck, der Kommandeur der 22. Infanteriedivision – mit Unterstützung des Fallschirmjägerregimentes 2, das zuerst die Landeplätze eroberte – die luftgelandete Infanterie führte, die aus dem 47. und 65. Infanterieregiment bestand. (Das dritte Regiment der Division, Infanterieregiment 16, war der 7. Fliegerdivision unterstellt.) Es war die zusätzliche Aufgabe der 22. Infanteriedivision, die Dienststellen der holländischen Regierung in Den Haag zu erobern und – auf persönlichen Befehl des Führers – die königliche Familie festzunehmen.

Die im Norden (FJR 2) und Süden (FJR 1) eingesetzten Fallschirmtruppen sollten Flugplätze in der Nähe von Den Haag, Rotterdam und Dordrecht sowie die Brücke über den Waal bei Dordrecht einnehmen und die Brücke bei Moerdijk an der Maasmündung im Süden des Einsatzgebietes überqueren. Die Brücke bei Moerdijk lag auf dem Weg der 18. deutschen Armee. Nach der Landung in Waalhaven sollte das der Fliegerdivision unterstellte Infanterieregiment 16 Brücken über den Lek (Rhein) in der Nähe Rotterdams und Schlüsselstellungen bei Dordrecht einnehmen. Die Absicht war, einen Korridor für die 9. Panzerdivision nach Überquerung der Maas zu schaffen.

Holland 1940: Eine Ju 52 setzt Soldaten und Nachschub ab, um Einheiten des FJR 1, die schon am Boden kämpfen, zu verstärken.

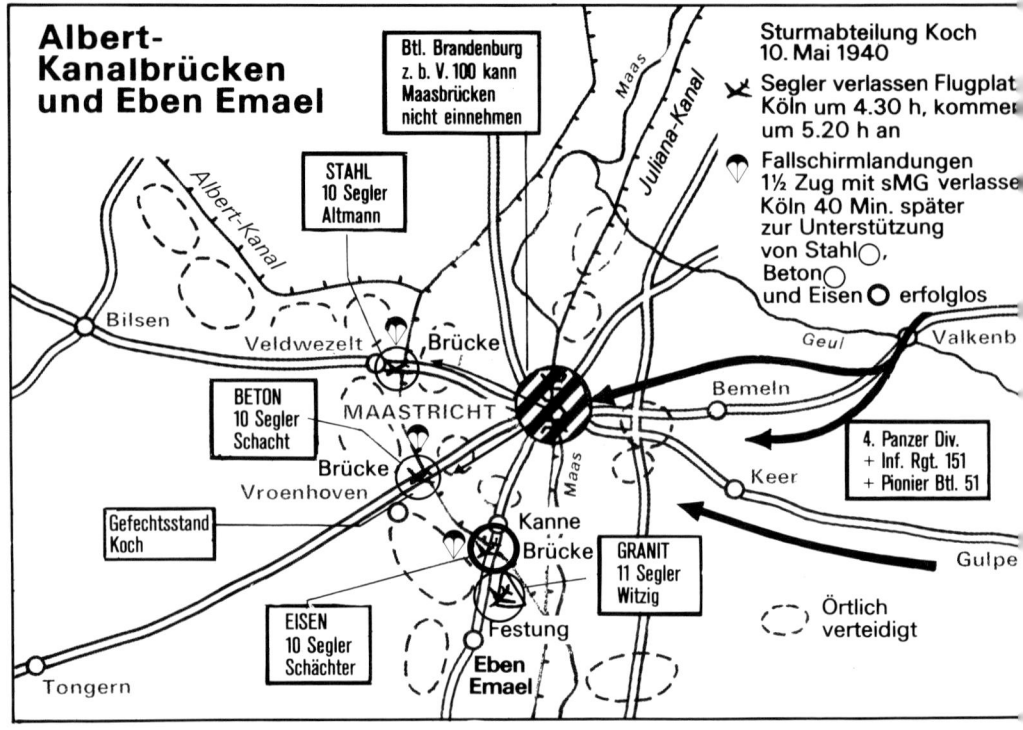

Albert-Kanalbrücken und Eben Emael

Btl. Brandenburg z. b. V. 100 kann Maasbrücken nicht einnehmen

STAHL 10 Segler Altmann

Sturmabteilung Koch 10. Mai 1940

Segler verlassen Flugplat Köln um 4.30 h, komme um 5.20 h an

Fallschirmlandungen 1½ Zug mit sMG verlasse Köln 40 Min. später zur Unterstützung von Stahl◯, Beton◯ und Eisen ◯ erfolglos

Bilsen

Veldwezelt · Brücke

BETON 10 Segler Schacht · MAASTRICHT

Brücke · Vroenhoven

Gefechtsstand Koch

Kanne · Brücke

GRANIT 11 Segler Witzig

EISEN 10 Segler Schächter

Festung · Eben Emael

Tongern

Geul · Valkenb

Bemeln

Keer

4. Panzer Div. + Inf. Rgt. 151 + Pionier Btl. 51

Gulpe

Örtlich verteidigt

Während FJR 2 im Norden heftig kämpfte, um die für den Erfolg der Luftlandedivision wichtigen Flugplätze zu erobern, stieg das Infanterieregiment 16 auf dem vom III. Bataillon des FJR 1 eroberten Rotterdamer Flughafen Waalhaven aus den Ju 52. Sie stießen schnell in das Zentrum des großen holländischen Hafens vor, wo sie eine wichtige Brücke einnahmen und so die Bewegung der holländischen Verstärkungen, die in das Gebiet eindrangen, lahmlegten. Erst nach einem tragischen Mißverständnis, das zur Bombardierung der Stadt führte, gaben die Verteidiger nach vier Tagen Kampf ihre Stellungen auf. Die Brücken bei Moerdijk und Dordrecht wurden vom II. Bataillon/FJR 1 eingenommen, das von Oberst Bräuer, ihrem Regimentskommandeur, persönlich geführt wurde.

Auf den Flugplätzen in der Nähe Den Haags, in Loosduinen, Ypenburg, Delft und Valkenburg kämpften Einheiten des FJR 2, um Brückenköpfe zu errichten, durch die die zweite Welle der eingeflogenen Bataillone der 22. Infanteriedivision Den Haag angreifen konnte. Unglücklicherweise wurden viele der in diesem Gebiet abgesetzten Fallschirmjäger des FJR 2, die den Ju 52 den Weg ebnen sollten, weit entfernt von ihren Zielen abgesetzt, und die Einheiten der Infanterieregimenter 47 und 65 landeten auf ungesicherten Flugplätzen, die von schwerem Artilleriefeuer bestrichen wurden. Viele Flugzeuge waren gezwungen, auf benachbarten Straßen zu landen, eine Notlösung, die von den alliierten militärischen Stäben fälschlicherweise als Teil des takti-

70

schen Planes ausgelegt wurde. Die Zugänge nach Den Haag wurden erst gesichert, nachdem die Luftlandetruppen und die Lufttransportgruppen schwere Verluste erlitten hatten. Die holländische Regierung und die königliche Familie flüchteten an Bord von zwei britischen Zerstörern.

Vier Tage, nachdem 580 Ju-52-Transportflugzeuge die holländische Grenze überflogen hatten, war beinahe alles vorbei. Die holländischen Truppen hatten tapfer gekämpft, aber trotz des französischen Eingriffs im Süden gab es keine Hoffnung auf wirksame Hilfe von den Alliierten. Die Alliierten selbst lernten wenig aus dem deutschen Feldzug in Holland. Der beinahe vollständige Mangel an Verständnis der taktischen Methoden und Stärke der deutschen Luftlandetruppen, der in alliierten Kreisen vorherrschte, trug in nicht geringem Maße zur Niederlage auf Kreta im Jahre 1941 bei.

Zur Zeit der Invasion der Niederlande herrschte in England eine Fehleinschätzung über die Rolle der feindlichen Luftlandetruppen vor, was in Zeitungs- und Radioberichten klar zum Ausdruck kam. Die Rolle und Taktik der Luftlandetruppen wurden wenig verstanden, und die Gerüchte führten zu vielen falschen Ansichten.

Ein Augenzeuge schreibt in einem weit verbreiteten Bericht, der sofort nach dem Fall Hollands veröffentlicht wurde und den Untertitel trägt »Ich sah sie springen«:

»Transportflugzeuge landeten auf jedem Strand, jedem Fußballplatz, jedem offenen Feld, und Soldaten sprangen heraus. Eine große Mehrzahl von ihnen war verkleidet – als Zivilisten, als holländische Soldaten, als Polizisten und Eisenbahner. Tausende von Holländern, die sie als Kameraden begrüßten, verloren ihr Leben durch die Hand dieser Männer, denen befohlen worden war, vor nichts haltzumachen.«

Andere Berichte besagten, daß Fallschirmjäger in großer Zahl als Nonnen verkleidet abgesetzt worden seien, und daß man erwarten mußte, daß sie mehr als Angehörige einer fünften Kolonne, denn als herkömmliche Soldaten auftreten würden. Es wurde berichtet, sie trügen Stadtpläne bei sich, auf denen die Namen und Adressen von Sympathisanten der Nazis eingetragen wären. Infolgedessen wurden umfangreiche Maßnahmen ergriffen, um Weideland und offene Flächen in ganz England für Landeunternehmen von Transport- und Segelflugzeugen unbrauchbar zu machen.

Zu weiteren Maßnahmen gehörte die Aufstellung von örtlichen Freiwilligeneinheiten, schlecht bewaffneten, aber begeisterten Zivilisten, die ein wachsames Auge auf ihren Fußballplatz und benachbarte Flächen haben sollten, wo Fallschirmlandungen stattfinden könnten. Diese Freiwilligen wurden später in die »Home Guard« eingegliedert, zu deren Aufgabe es gehörte, Fabriken, Tankstellen, Flugplätze und andere Ziele, die die Aufmerksamkeit feindlicher Sabotageagenten auf sich ziehen könnten, zu schützen.

Die Invasion Englands war natürlich ein Teil von Hitlers Hauptplan. Von dem Triumph der Erfolgswelle in Polen im Osten, in Dänemark, Norwegen, den Niederlanden und Frankreich im Westen angeregt, befahl Hitler am 2. Juli 1940 vorläufige Studien für das Unternehmen »Seelöwe«. Anfang August besprach das Oberkommando des Heeres (OKH) Pläne über die Verwendung der 7. Fliegerdivision für den Aufbau von Brückenköpfen an der Südküste Englands, unterstützt durch von Rundstedts 9. und 16. Armee. Nach Ände-

Belgien 1940: Die Sieger von Eben Emael. Sie wurden später von Hitler ausgezeichnet für ihren überwältigenden Erfolg bei der Eroberung der stärksten Festung Europas, die mit fast 1000 Mann besetzt war.

rungen des ursprünglichen Planes sollte die 7. Fliegerdivision vorgeschobene Stellungen in der südlichen englischen Tiefebene und nördlich von Dover besetzen. Die Luftwaffe erhob jedoch Einwände wegen der technischen Durchführung, und schließlich wurde entschieden, daß die Fallschirmjäger dazu eingesetzt werden sollten, ein Überschreiten des englischen königlichen Militärkanals zu sichern, der sich über die Romney Marsh von Kent nach Sussex erstreckt. Sie sollten gegen die 16. Armee aus nordwestlicher Richtung gerichtete Angriffe abwehren. Ferner würden sie dann zur Verfügung stehen, um den Vormarsch der 16. Armee von den Stränden der Südküste zwischen Worthing und Folkestone nach Dover zu unterstützen. Die Klippen bei Dover sollten ebenfalls von Fallschirmjägern erobert werden.

Die 22. Luftlandedivision sollte in der ersten Welle des Sturmangriffs der 16. Armee über dem Kanal eingesetzt werden. Zum Glück für England und dank der Royal Air Force gelang es der Luftwaffe nicht, die Luftüberlegenheit über Südengland zu erringen, und der deutschen Marine fehlte es an dem notwendigen Vertrauen, um die geplante Invasion zu unterstützen. Das Unternehmen »Seelöwe« wurde am 12. Oktober verschoben, wie sich zeigen sollte, für immer.

Der Erfolg der Luftlandetruppen und ihr großer Beitrag zu dem deutschen Sieg im Westen lag auf der Hand; ihre einmalige Fähigkeit, schnell und überraschend anzugreifen, war ausreichend gezeigt worden. Aufgrund ihrer bewiesenen Erfolge wurde die volle Aufstellung der 7. Fliegerdivision beschleunigt, Verluste wurden ersetzt und Rückschläge durch schnell wirksame Anstrengungen wiedergutgemacht. Ein Rückschlag, den die Division erlitt, wurde durch die vorübergehende Kampfunfähigkeit von General Student verursacht, der in Rotterdam von einer verirrten Kugel in den Kopf getroffen wurde. Das zeitweilige Kommando über die Division wurde General Putziger und später General Süßmann übertragen.

Die Seglerabteilungen der Sturmgruppe Koch, die in Eben Emael so überzeugend gekämpft hatten, wurden zum I. Bataillon Sturmregiment 1 erweitert. Soldaten für die 7. Fliegerdivision wurden aus anderen Luftwaffen- und auch Heereseinheiten rekrutiert. Bedeutender für den Erfolg zukünftiger Unternehmungen war, daß die Lufttransportgruppen der Division als getrennter Verband zugeteilt wurden. Damit war eine enge Zusammenarbeit bei der Ausbildung sichergestellt. Generalmajor Gerhard Conrad, der den Befehl über diesen Verband hatte, hatte als Oberst für seinen heldenhaften Einsatz mit den Luftlandetruppen in den Niederlanden das Ritterkreuz erhalten.

Wegen der sich schnell vermehrenden Probleme der Koordination und Steuerung erhielten die Luftlandedivision und ihre Unterstützungsverbände bald offiziell den Rang eines Korps. Das XI. Fliegerkorps wurde im Sommer 1940 formell aufgestellt, General Student wurde zum General der Flieger befördert und erhielt den Oberbefehl über die neue Einheit.

Die Gelegenheit für den nützlichen Einsatz des XI. Korps sollte sich bald in Griechenland ergeben. Die britischen Truppen, die im März 1941 in Griechenland gelandet waren, um die tapfere, aber ungenügend ausgerüstete und jetzt sehr unbewegliche Armee von König Georg II. zu unterstützen, zogen sich unter dem Druck von Panzereinheiten der 12. deutschen Armee von ihren ursprünglichen Stellungen westlich von Vardar nach Süden zurück. Ihr Weg in den südlichen Peloponnes führte über den schmalen Streifen Land, der vom Kanal von Korinth durchschnitten ist. Für die Überquerung des Kanals war eine einzige Brücke vorhanden.

Das Fallschirmjägerregiment 2 unter Oberst Sturm erhielt die Aufgabe, sicherzustellen, daß diese Brücke für den Vormarsch der 12. Armee intakt

Organisation des Luftlandekorps für den Angriff auf Holland 10. Mai 1940

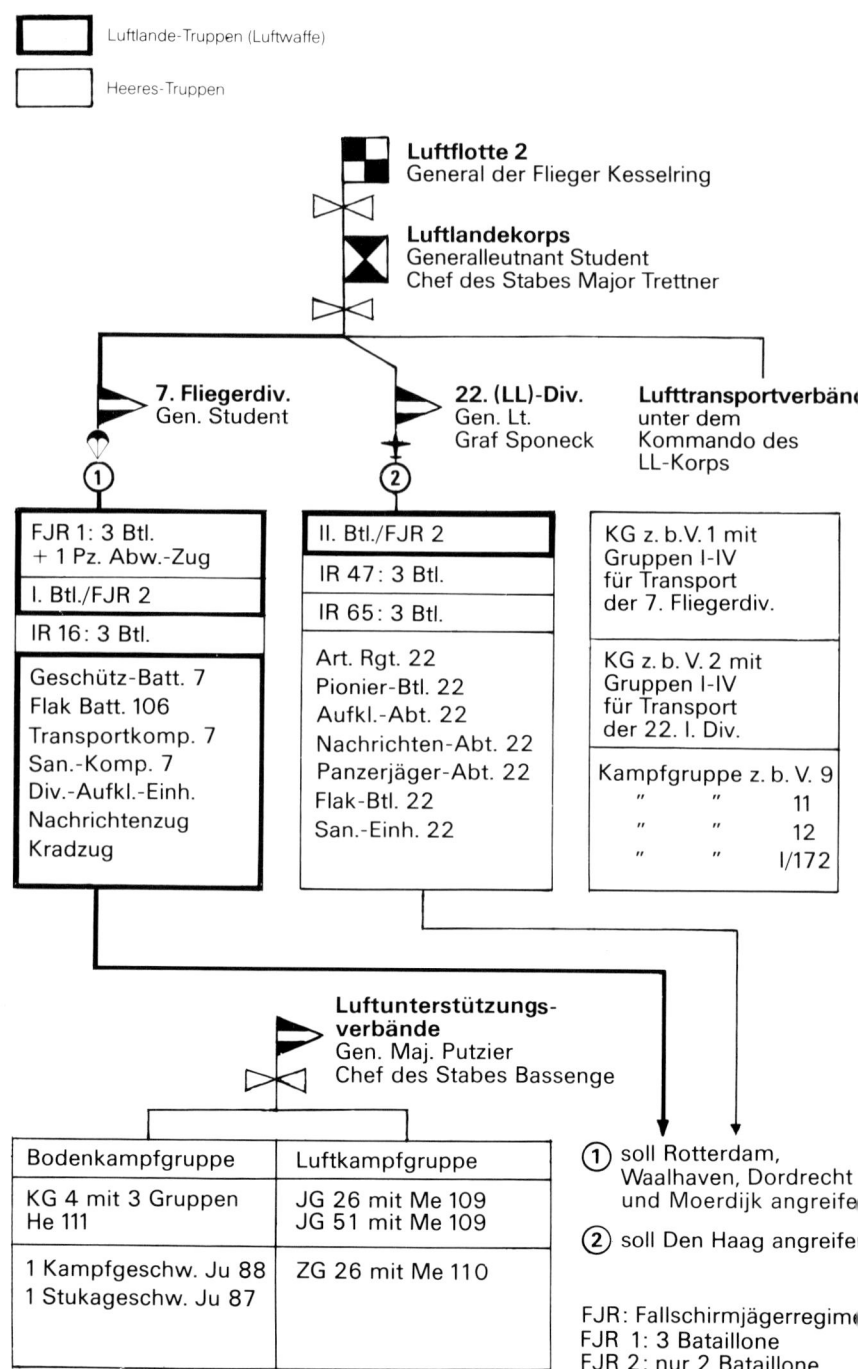

Luftlande-Truppen (Luftwaffe)

Heeres-Truppen

Luftflotte 2
General der Flieger Kesselring

Luftlandekorps
Generalleutnant Student
Chef des Stabes Major Trettner

7. Fliegerdiv. Gen. Student ①	22. (LL)-Div. Gen. Lt. Graf Sponeck ②	Lufttransportverbände unter dem Kommando des LL-Korps
FJR 1: 3 Btl. + 1 Pz. Abw.-Zug	II. Btl./FJR 2	KG z. b.V. 1 mit Gruppen I-IV für Transport der 7. Fliegerdiv.
I. Btl./FJR 2	IR 47: 3 Btl.	
IR 16: 3 Btl.	IR 65: 3 Btl.	

Geschütz-Batt. 7
Flak Batt. 106
Transportkomp. 7
San.-Komp. 7
Div.-Aufkl.-Einh.
Nachrichtenzug
Kradzug
	Art. Rgt. 22
	Pionier-Btl. 22
	Aufkl.-Abt. 22
	Nachrichten-Abt. 22
	Panzerjäger-Abt. 22
	Flak-Btl. 22
	San.-Einh. 22
		KG z. b. V. 2 mit
		Gruppen I-IV
		für Transport
		der 22. I. Div.
		
		Kampfgruppe z. b. V. 9
		    " " 11
		    " " 12
		    " " I/172

Luftunterstützungs-verbände
Gen. Maj. Putzier
Chef des Stabes Bassenge

Bodenkampfgruppe	Luftkampfgruppe
KG 4 mit 3 Gruppen He 111	JG 26 mit Me 109 JG 51 mit Me 109
1 Kampfgeschw. Ju 88 1 Stukageschw. Ju 87	ZG 26 mit Me 110

① soll Rotterdam, Waalhaven, Dordrecht und Moerdijk angreifen

② soll Den Haag angreifen

FJR: Fallschirmjägerregiment
FJR 1: 3 Bataillone
FJR 2: nur 2 Bataillone

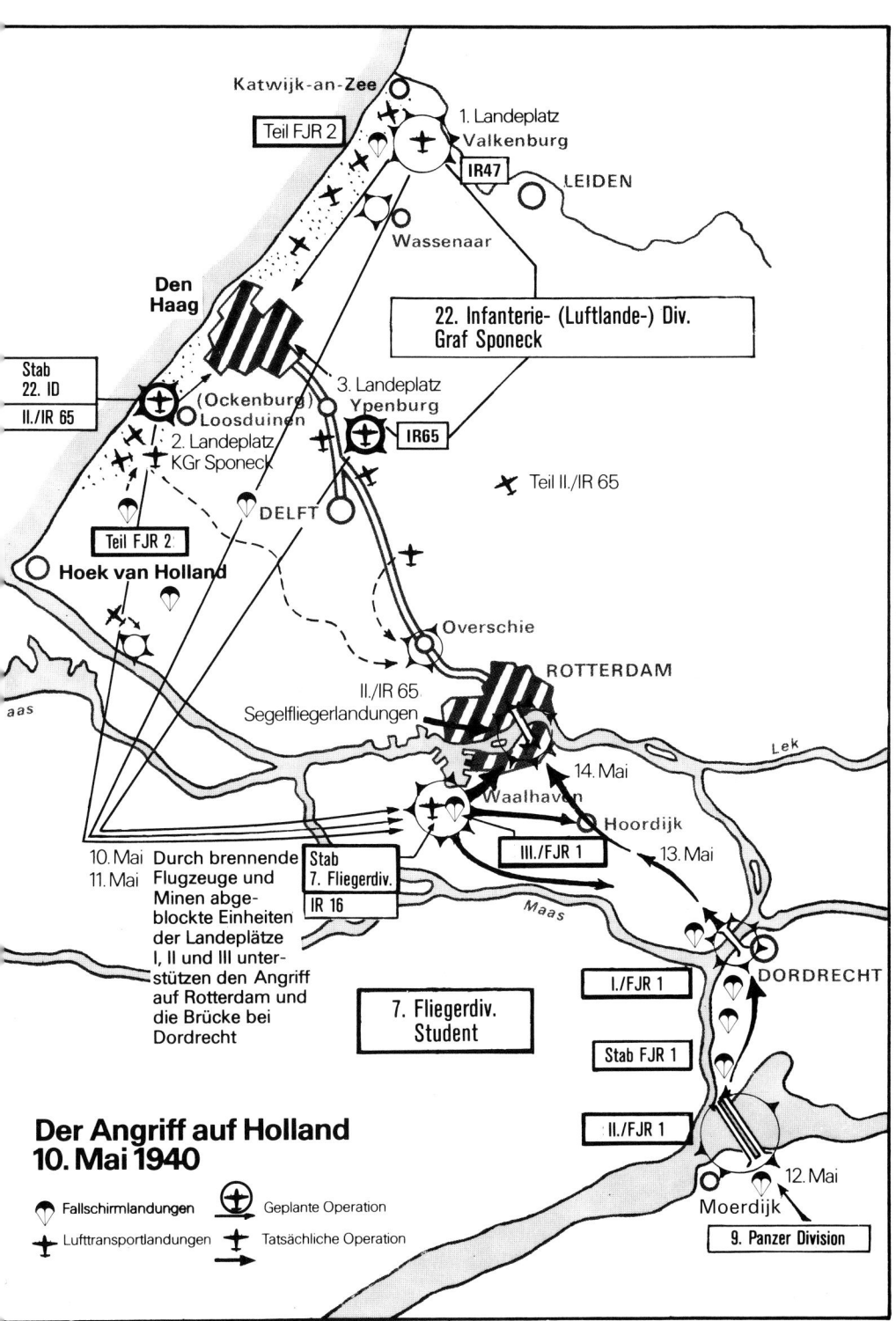

Katwijk-an-Zee

Teil FJR 2

1. Landeplatz
Valkenburg

IR47

LEIDEN

Wassenaar

Den
Haag

22. Infanterie- (Luftlande-) Div.
Graf Sponeck

Stab
22. ID

II./IR 65

(Ockenburg)
Loosduinen

2. Landeplatz
KGr Sponeck

3. Landeplatz
Ypenburg

IR65

Teil II./IR 65

DELFT

Teil FJR 2

Hoek van Holland

Overschie

ROTTERDAM

II./IR 65
Segelfliegerlandungen

Lek

aas

14. Mai

Waalhaven

Hoordijk

10. Mai
11. Mai

Durch brennende
Flugzeuge und
Minen abge-
blockte Einheiten
der Landeplätze
I, II und III unter-
stützen den Angriff
auf Rotterdam und
die Brücke bei
Dordrecht

Stab
7. Fliegerdiv.

IR 16

III./FJR 1

13. Mai

Maas

I./FJR 1

DORDRECHT

7. Fliegerdiv.
Student

Stab FJR 1

II./FJR 1

Der Angriff auf Holland
10. Mai 1940

12. Mai

Fallschirmlandungen   Geplante Operation

Lufttransportlandungen   Tatsächliche Operation

Moerdijk

9. Panzer Division

blieb. Das FJR 2 war im März nach Bulgarien verlegt worden, um einer möglichen britischen Besetzung von Lemnos vorzubeugen. Die ägäische Insel wurde jedoch von anderen deutschen Einheiten besetzt, so daß es nicht erforderlich war, das Fallschirmjägerregiment 2 einzusetzen. Während jetzt die 12. Armee im schnellen Vormarsch durch Griechenland unterwegs war, erhielt Sturms Regiment die wichtige Aufgabe, die Brücke bei Korinth einzunehmen.

Es war der Plan von Oberst Sturm, die Brücke mit einer Kampfgruppe von 52 Fallschirmpionieren, die vom I. und II. Bataillon des FJR 2 unterstützt wurden, anzugreifen. Nachrichten- und Sanitätsabteilungen nahmen ebenfalls an dem Angriff teil. Die Pioniere unterstanden dem Kommando von Leutnant Häffner. Hauptmann Krohs I. Bataillon sollte nördlich und Hauptmann Pietzonkas II. Bataillon südlich der Brücke landen.

Sammelpunkt und Abflughafen für das Unternehmen war der griechische Flugplatz bei Larissa. Die Gruppe von 270 Ju 52 unter Oberst von Heyking startete um 5.00 Uhr morgens am 25. April 1941. Bis zu der Brücke bei Korinth waren es zwei Stunden Flugzeit. Die Segler landeten pünktlich um 7.00 Uhr, und Häffners Pioniere nahmen die Brücke nach einem Feuergefecht mit den Verteidigern. Die Pioniere erhielten starkes gegnerisches Feuer, und die Lage wurde erst besser, als sich Pietzonkas Bataillon verspätet von Süden näherte.

Es war natürlich der Zweck des Angriffs gewesen, die Brücke bei Korinth intakt zu erobern. Trotz der schweren Kämpfe, die auf beiden Seiten der Brücke entflammt waren, sah es so aus, als ob Sturms Plan gelingen würde, bis eine englische Granate die Brücke traf. Die englischen Sprengladungen waren von den deutschen Pionieren entfernt worden, und es ist nie eine Erklärung dafür abgegeben worden, warum die Brücke unter dem Aufprall einer einzigen, möglicherweise verirrten Granate zusammenbrach. Die deutschen Verluste waren gering. Nur acht der Pioniere wurden getötet. Leutnant Häffner überlebte zwar diese Auseinandersetzung, ging aber einen Monat später mit einem der Schiffe der ersten Flottille auf dem Weg nach Kreta unter.

Eine behelfsmäßige Brücke wurde errichtet, und am Morgen des 28. April überquerten vorgeschobene Einheiten der 12. Armee den Kanal, um die alliierten Truppen zu verfolgen, die sich jetzt in den weiter südlich gelegenen Häfen einschifften. Die Evakuierung durch die Royal Navy war am 29. April abgeschlossen, dennoch gelang es den Deutschen, gewisse Abteilungen bei Nauplian und Kalimata abzuschneiden. Von 43000 Soldaten, die von der Royal Navy in griechischen Häfen an Bord genommen waren, wurden 27000 nach Kreta gebracht. Hätte es nicht die einsame Granate bei Korinth gegeben, so wäre eine beträchtliche Anzahl dieser Männer in Griechenland in Gefangenschaft geraten, und die zufällige Gelegenheit, die Garnison auf Kreta zu verstärken, hätte sich nicht ergeben.

Nach der erfolgreichen Invasion des Balkans und nachdem ein großer Teil Südosteuropas in deutsche Hände gefallen war, wurden im Oberkommando der Wehrmacht Pläne für die Eroberung von Malta und Kreta entwickelt. Es bestand die Befürchtung, daß die Royal Air Force die Inseln als Abflughäfen für Bombenangriffe auf die rumänischen Ölfelder und auf Deutschlands ausgedehnte südliche Flanke in Südosteuropa benutzen würden.

Obwohl sie mit der Planung der unmittelbar bevorstehenden Invasion Rußlands (Unternehmen »Barbarossa«) beschäftigt waren, hörten Generalfeldmarschall Keitel, der Chef des OKW, und General Jodl, sein Chef des Stabes, sich den Plan von General Student zur Eroberung Kretas aufmerksam an. Dieser Plan war Göring am 5. April von General Löhr, dem Befehlshaber der 4. Luftflotte, unterbreitet worden. Göring hielt viel von dem Plan. Aber das OKW war besorgt wegen der größeren Bedrohung für die Verbände in Nordafrika, die von der britischen Flotte in Malta ausging. Student machte den Einwand, daß Kreta für einen Angriff des XI. Fliegerkorps geeigneter sei. Hitler, dem der Plan am 21. April unterbreitet wurde, dem Tag, an dem sich die griechische Armee auf Epirus Generalfeldmarschall List ergab, stand dem Plan aufgeschlossen gegenüber, bezweifelte aber seine Durchführbarkeit. Dennoch versprach er, den Plan im Zusammenhang mit der Strategie der Achsenmächte zu prüfen.

Am 25. April gab Hitler mit einiger Befürchtung seine Genehmigung zur Eroberung Kretas und erließ die Direktive 28: »Ein Unternehmen zur Besetzung der Insel Kreta (Unternehmen Merkur), das so durchgeführt werden soll, daß die Insel Kreta als Luftwaffenstützpunkt gegen Großbritannien im östlichen Mittelmeer verwendet werden kann.« Das Unternehmen sollte ausschließlich Angelegenheit der Luftwaffe sein, und die Verantwortung für die Durchführung lag in den Händen von General Löhr. Göring gab dem Plan seine volle Unterstützung, denn er sah hier eine Gelegenheit für die Luftwaffe, die Lorbeeren zu erringen, die ihr in der Schlacht um England so nachdrücklich verweigert worden waren.

Die Planung des Unternehmens »Merkur« verlangte den Einsatz des gesamten XI. Fliegerkorps. Das Luftlandekorps, die 7. Fliegerdivision mit der 5. Gebirgsdivision, die von der 12. Armee anstelle der 22. Luftlandedivision abgestellt worden war, waren rechtzeitig in der Nähe von Athen in Südgriechenland unter dem Kommando des Generals der Flieger Student, Befehlshaber des XI. Fliegerkorps, gesammelt worden. Die Waffen und die Ausrüstung der 7. Fliegerdivision lagen in Behältern verpackt, die in Nordfrankreich für das Unternehmen »Seelöwe« bereit lagen. Die Behälter wurden mit der Eisenbahn in den Schwarzmeerhafen Constanza transportiert und dann mit Schiffen nach Athen befördert. Soldaten der Division wurden aus deutschen Garnisonsstädten mit der Eisenbahn und auf der Straße nach Athen verlegt.

Die Verantwortung für die Bomber- und Jagdfliegerunterstützung erhielt das VIII. Fliegerkorps unter dem Kommando von Generalleutnant Freiherr von Richthofen. Das Rückgrat der Gruppe waren die Ju-87-Stukageschwader, die etwa 150 Maschinen hatten. Ihnen wurde Unterstützung von drei Gruppen von Do-17-Bombern, Ju 88 und 6 Jagdgeschwadern mit Me 109 und Me 110 gegeben.

Zehn Lufttransportgruppen der Kampfgruppen z.b.V. 1, 2 und 3, die dem XI. Fliegerkorps unterstellt waren und rund 500 Ju 52 umfaßten, und drei Seglerschleppgruppen des LLG 1 unterstanden dem Kommando von Generalmajor Conrad. Die Transportflugzeuge und Segler dieser Gruppen standen für den Transport der Fallschirm- und Gebirgstruppen in den Abflughäfen Tanagra, Topolia, Dadion, Megara, Korinth, Phaleron und Eleusis bereit. Diese Flugplätze lagen sämtlich innerhalb einer Entfernung von 130 km von

Athen. Die Ju-87-Stukageschwader sollten von Eleusis, Phaleron und der Insel Karpathos aus in die Kämpfe eingreifen. Der zuletzt genannte Fliegerhorst lag nur wenige Minuten Flugzeit über die Straße von Kasos von Kreta entfernt. Athen wurde als Kampfhauptquartier des XI. Fliegerkorps ausgewählt.

Mit der Erstürmung der Metaxas-Linie, die die bulgarische Grenze abdeckte, hatte Ringels 5. Gebirgsdivision der 12. Armee Generalfeldmarschall Lists in Griechenland schon wertvolle Dienste erwiesen. Noch in Nordgriechenland wurde die Gebirgstruppe ausgewählt, um die 22. Luftlandedivision als Partner der 7. Fliegerdivision zu ersetzen. Ein anstrengender Marsch brachte die Gebirgstruppen zum Sammelpunkt in der Nähe Athens, wo die Division in einer dreiwöchigen intensiven Ausbildung angemessen für die kommende Schlacht vorbereitet wurde.

Die 22. Division, die zusammen mit der 7. Division in Holland eingesetzt worden war, war zu dieser Zeit zum Schutz der Ölfelder in Ploesti abgestellt. Sie war in Rumänien durch die schlechten Straßen in ihrer Einsatzmöglichkeit stark eingeschränkt. Das Problem der schlechten Straßen und die vorrangigen Truppenbewegungen in entgegengesetzter Richtung wegen des Unternehmens »Barbarossa« ließen es als aussichtslos erscheinen, die Division auf griechische Flughäfen zu verlegen. Infolgedessen wurde die günstiger stationierte Gebirgsdivision für den Plan herangezogen.

Das Unternehmen »Merkur« war für den 20. Mai angesetzt. Der Einsatzplan des XI. Fliegerkorps sah Luftlandeeinsätze an vier Orten der gebirgigen Insel Kreta vor, die 260 km lang und 64 km breit ist. Da nicht genügend Maschinen für den Lufttransport vorhanden waren, mußte der Plan notwendigerweise in zwei Luftlande-Angriffswellen (Fallschirmjäger) und eine Lande-Angriffswelle (Gebirgstruppen) gegliedert werden. Dieselben Maschinen sollten nach ihrer Rückkehr zu den Abflughäfen gesammelt werden und dann für die später folgenden Lufttransporte nach Kreta eingesetzt werden. Malemes und Chania waren die Angriffsziele für die erste Welle (morgens), Rethymnon und Iraklion für die zweite (nachmittags), während alle drei Landeplätze durch die dritte Welle verstärkt werden sollten.

20. Mai, Vormittag: Einzelne Einheiten der Gruppe West sollten zuerst in Seglern um 7.15 Uhr landen. Der Rest von Generalmajor Meindls Sturmregiment (drei Bataillone mit 1860 Mann) sollten den Flughafen Malemes einnehmen, der in der Nähe der Nordwestspitze der Insel liegt. Nachdem sie die Verbindung mit Abteilungen von Süßmanns Hauptquartier hergestellt hatten, die gleichzeitig zu ihrer Linken in der Nähe des Marinestützpunktes in Suda abgesetzt worden waren, sollten die Soldaten des Sturmregiments als zweite Aufgabe an der Eroberung der Hauptstadt Chania teilnehmen.

Die in Seglern transportierten Abteilungen der Kampfgruppe bestanden aus dem I. (Segler-)Bataillon unter Major Koch, der 3. Kompanie unter Leutnant von Plessen mit zwölf Seglern und der 4. Kompanie unter Hauptmann Sarrazin mit fünfzehn Seglern. Ihre Angriffsziele waren die Flakstellungen und die Kasernen südlich des Flugplatzes. Eine Kampfgruppe des Regimentsstabs unter dem Kommando von Major Braun sollte mit neun Seglern landen und versuchen, die Brücke über den Tavronitis in der Nähe des Flughafens zu erobern. Generalmajor Süßmann, der Kommandeur der 7. Division und sein

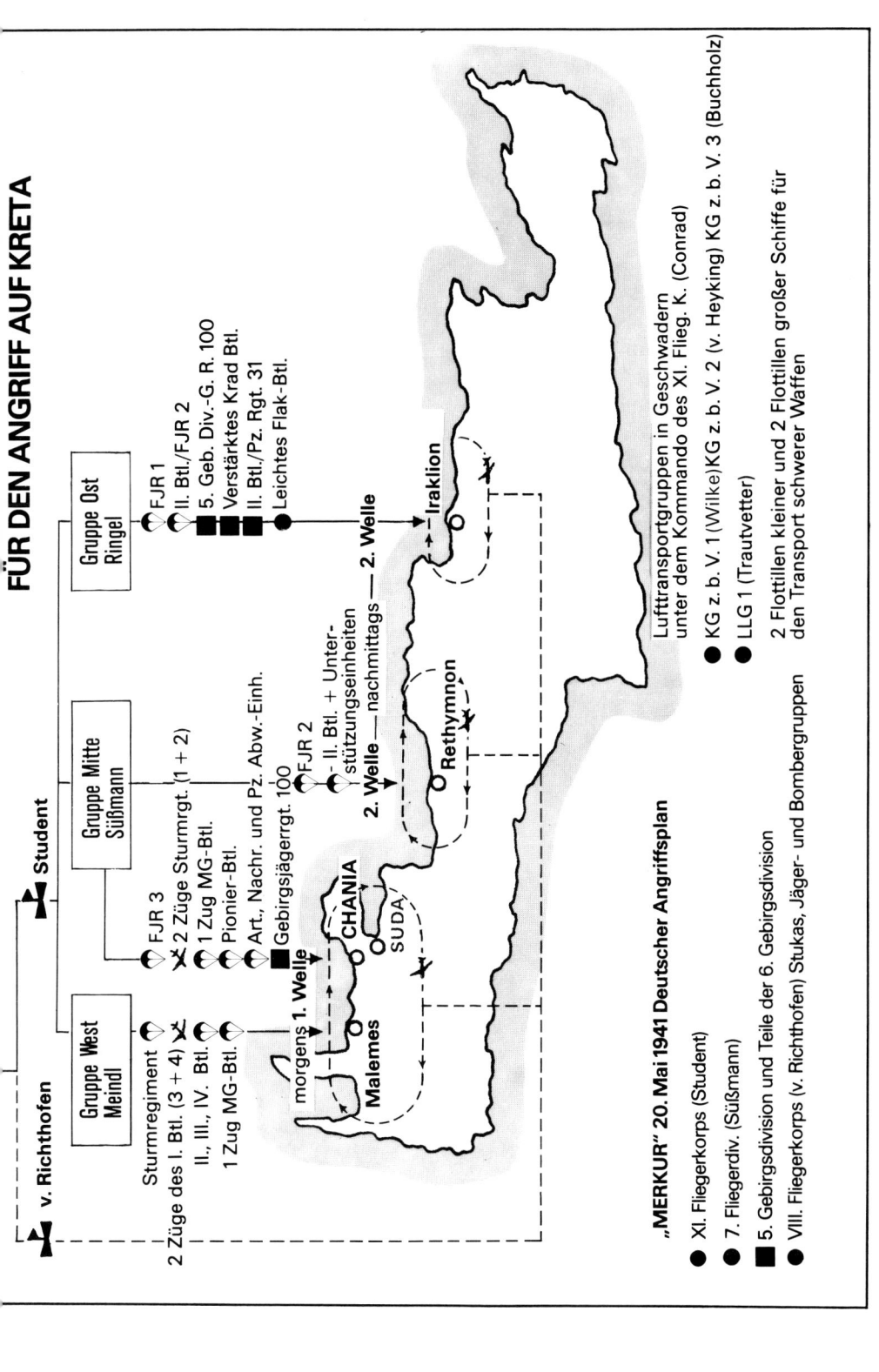

FÜR DEN ANGRIFF AUF KRETA

„MERKUR" 20. Mai 1941 Deutscher Angriffsplan

Stab sollten in fünf Seglern mit der »Gruppe Mitte« landen, die in der Hauptsache aus dem Fallschirmjägerregiment 3 unter Oberst Heidrich bestand. Die Fallschirmjäger sollten später durch Gebirgstruppen verstärkt werden und dann zusammen mit ihnen die Hauptstadt Chania und die Städte Suda und Galatos einnehmen. Chania liegt 20 km östlich von Malemes. Die zweite Aufgabe der Gruppe war die Einnahme von Rethymnon, das weitere 70 km an der Küste entlang in östlicher Richtung liegt, und diese Aufgabe sollte von dem Fallschirmjägerregiment 2 wahrgenommen werden, dessen Landung für den frühen Nachmittag vorgesehen war. Zwei Lastenseglerkompanien, die 1. Kompanie unter Altmann und die 2. Kompanie unter Genz, die vom Sturmregiment abgestellt und in dreißig Seglern transportiert worden waren, erhielten die Spezialaufgabe, die Flugabwehrstellungen südlich und westlich von Chania und Suda niederzukämpfen, wozu sie fünfzehn Minuten vor der Landung des Regimentes abgesetzt wurden. An dem Angriff nahm eine Truppe von ungefähr 3000 Mann teil.

20. Mai, Nachmittag: Am Nachmittag sollte das Fallschirmjägerregiment 2, etwa 1500 Mann unter Oberst Sturm, den Flughafen bei Rethymnon einnehmen. Mit der gleichen Angriffswelle sollte die Gruppe Ost, die hauptsächlich aus dem FJR 1 mit 2600 Mann unter Oberst Bräuer (einschließlich eines Bataillons des FJR 2) bestand, durch die 5. Gebirgsdivision des Generalleutnants Ringel unterstützt werden. Ein Regiment der 5. Gebirgsdivision sollte von See her angelandet werden. Ein Panzerbataillon sollte folgen, wenn es sicher über See von Piräus herangebracht werden konnte. Die Aufgabe in diesem Gebiet (Gruppe Ost) war die Eroberung der Stadt und des Flughafens von Iraklion (Candia), der an der nördlichen Küste in der Mitte der Insel liegt. Iraklion sollte in der Abenddämmerung des ersten Tages eingenommen werden.

Entsprechend den gestellten Anforderungen wurden jeder Gruppe Unterstützungswaffen, Panzerabwehr- und Flugabwehrkanonen von den Korps- und Divisionseinheiten zugeteilt. Die Fallschirmpioniere erhielten die besondere Aufgabe, die Flanke des FJR 3 in der Mittelgruppe bei Alikianou, einige Meilen südlich von Malemes, zu beschützen.

Es war geplant, das Unternehmen von See her durch zwei hastig zusammengestellte und improvisierte Flottillen von kleinen Motorkuttern zu unterstützen. Eskortiert von Torpedobooten der italienischen Marine, sollten sie versuchen, zwei Bataillone der Gebirgsdivision mit ihren Fahrzeugen, Flugabwehr- und Unterstützungswaffen, sowie Abteilungen der Fallschirmjäger, einschließlich der Pionier- und Panzerabwehreinheiten, die von dem Luftlandeeinsatz ausgenommen worden waren, zu landen. Die Landungen sollten an der offenen Küste an zwei Punkten im Norden der Insel stattfinden. Ein Bataillon in 25 Booten nahm Kurs auf Malemes, um die Gruppe West am Abend des ersten Tages zu unterstützen. Das andere Bataillon sollte am zweiten Tag mit einer größeren Flottille von 38 Schiffen nach Iraklion fahren, um dort die Gruppe Ost zu unterstützen.

Die Unternehmen des ersten Tages verliefen nicht nach Plan. Die britische Garnison, die aus 28 000 Soldaten bestand, war größer und wesentlich kampfstärker, als die Deutschen erwartet hatten. Zusätzlich waren griechische Bataillone und kretische Freischärler in den einzelnen Sektoren verteilt. Die Ge-

Die Royal Navy verhinderte Verstärkungen über See nach Kreta. Dieser Motorkutter war einer der wenigen, die schließlich ankamen. Er wird beim Ausladen von Gerät für die Gebirgsdivision gezeigt.

Kreta 1941: Die Speerspitze des deutschen Angriffs war das I. Bataillon des Sturmregimentes, das Ziellandungen in der Nähe der Zielobjekte versuchte. Diese DFS 230 und seine Besatzung von 10 Mann landeten in einer Olivenplantage bei Chania.

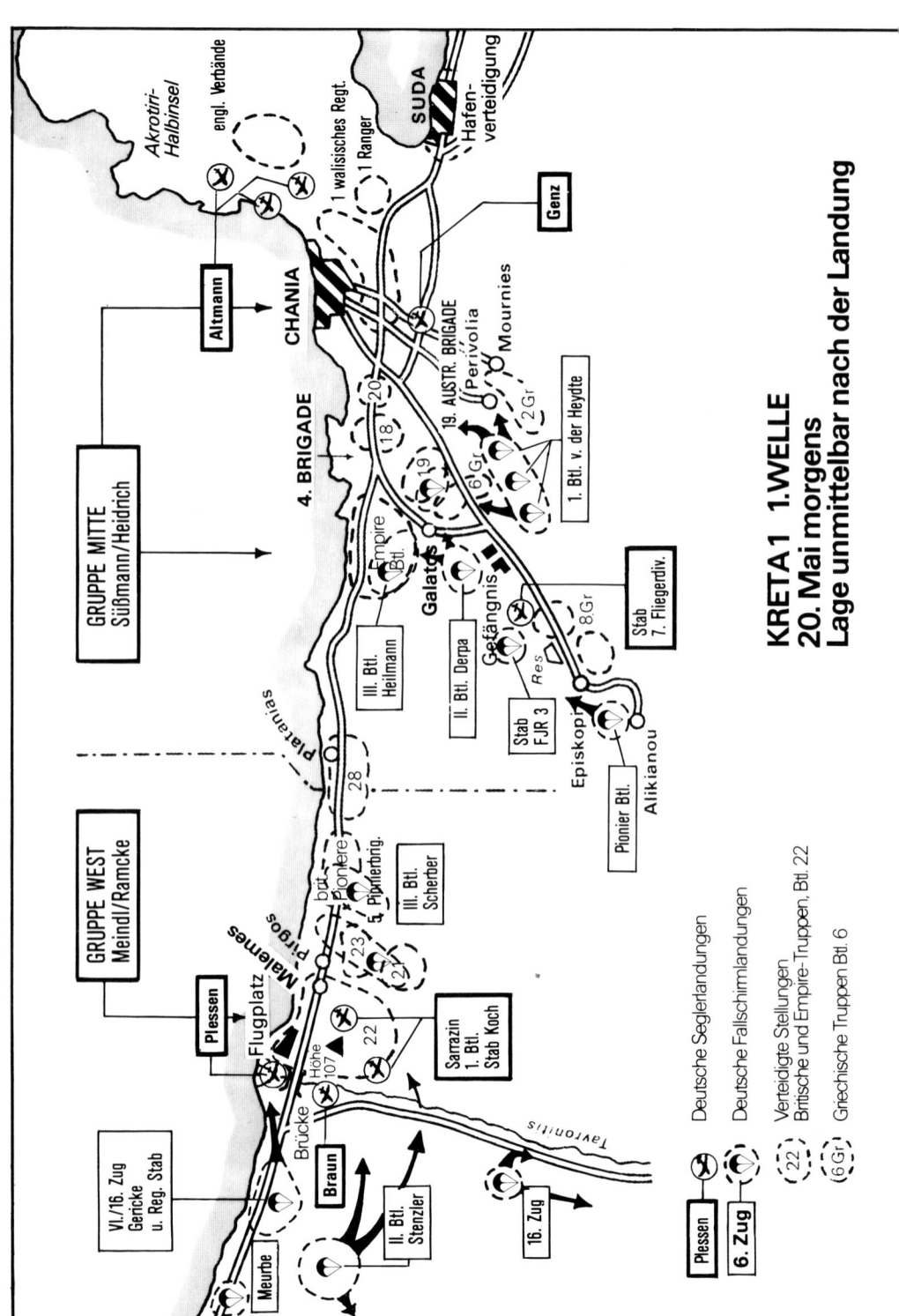

KRETA 1 1.WELLE
20. Mai morgens
Lage unmittelbar nach der Landung

Deutsche Seglerlandungen

Deutsche Fallschirmlandungen

Verteidigte Stellungen
Britische und Empire-Truppen, Btl. 22

Griechische Truppen Btl. 6

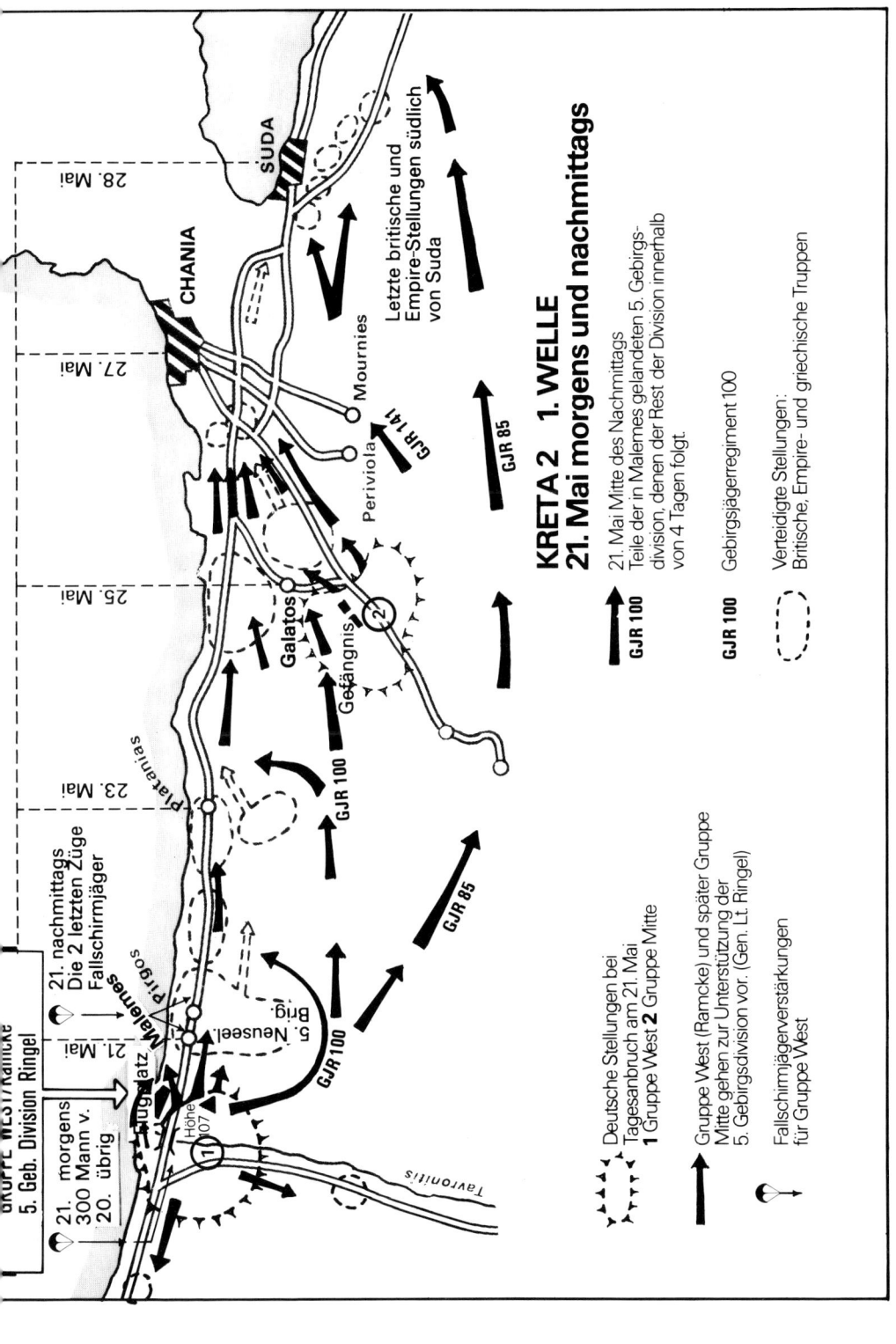

KRETA 2 1. WELLE
21. Mai morgens und nachmittags

GRUPPE WEST / Ramcke
5. Geb. Division Ringel

21. morgens
300 Mann v.
20. übrig

21. morgens

21. Mai

21. nachmittags
Die 2 letzten Züge
Fallschirmjäger

28. Mai

27. Mai

25. Mai

23. Mai

SUDA

CHANIA

Mournies

Periviola

Galatos

Gefängnis

Platanias

Malemes

Pirgos

Neuseel.
5. Brig.

Höhe
107

Flugplatz

Tavronitis

GJR 141

GJR 85

GJR 85

GJR 100

GJR 100

GJR 100

Letzte britische und
Empire-Stellungen südlich
von Suda

21. Mai Mitte des Nachmittags
Teile der in Malemes gelandeten 5. Gebirgsdivision, denen der Rest der Division innerhalb
von 4 Tagen folgt.

GJR 100

GJR 100 Gebirgsjägerregiment 100

Verteidigte Stellungen:
Britische, Empire- und griechische Truppen

Deutsche Stellungen bei
Tagesanbruch am 21. Mai
1 Gruppe West **2** Gruppe Mitte

Gruppe West (Ramcke) und später Gruppe
Mitte gehen zur Unterstützung der
5. Gebirgsdivision vor. (Gen. Lt. Ringel)

Fallschirmjägerverstärkungen
für Gruppe West

Erfolgreicher war der Einsatz zur Eroberung der Brücke über den ausgetrockneten Tavronitis, wo vier Segler eine beinahe perfekte Landung schafften. Sie landeten in engem Verbandsflug innerhalb weniger hundert Meter von ihrem Angriffsziel.

Die Masse der Invasionstruppen sprang mit Fallschirmen aus Ju 52 ab, die von Griechenland eingeflogen waren. Verluste an Mannschaften und Maschinen waren katastrophal.

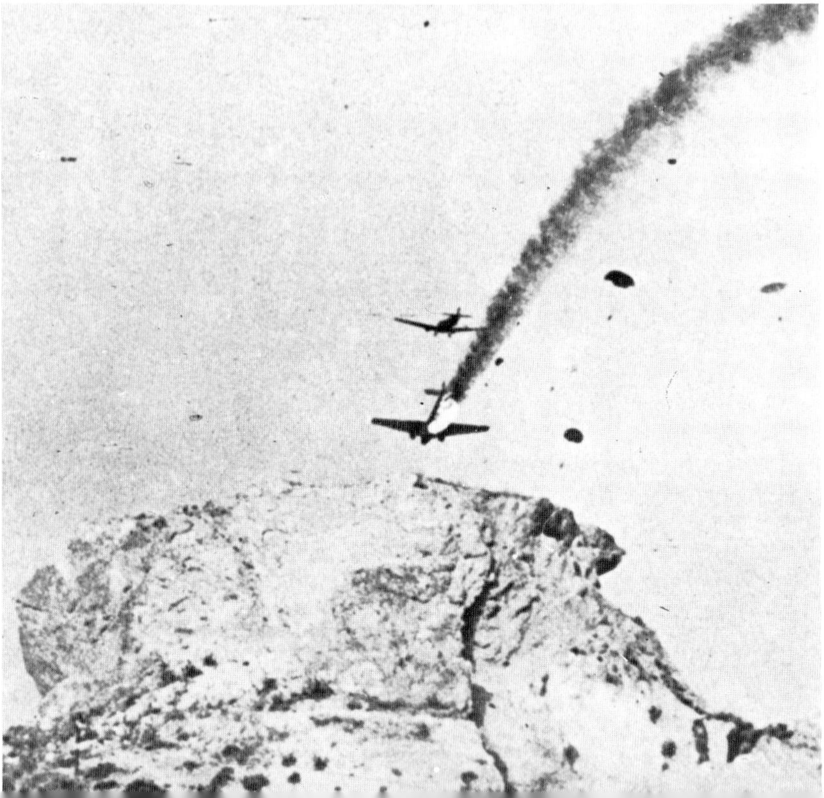

Wracks und ausgebrannte Junkers bedeckten den Boden im Norden der Insel, besonders bei Malemes, wo sie schließlich mit einem eroberten britischen Panzer wegge-
räumt wurden, der den Flugplatz für die einfliegenden Maschinen der Gebirgsdivision
säuberte.

samtstärke der Inselbesatzung war ungefähr 42 500 Mann. Keines der Angriffsziele des ersten Tages wurde erreicht, und am Abend sah es lediglich so
aus, als ob die Gruppe West ihr Ziel möglicherweise erreichen könnte. Die
Schlacht war eröffnet worden, bevor der erste deutsche Fallschirmjäger den
Boden berührte. Als die Segler heranglitten und Fallschirmjäger in Massen
am Himmel erschienen, wurden sie von todbringendem Feuer begrüßt.

Viele Soldaten der Gruppe West waren westlich außerhalb der Sichtweite
der Verteidiger von Malemes gelandet, aber obwohl ihr Hauptziel, die Höhe 107 und der Flughafen, nicht eingenommen worden waren, war die Lage
der Gruppe noch ziemlich günstig, und es sah so aus, als ob der ursprüngliche
Angriffsplan verwirklicht werden könnte. Aber einzelne Bataillone dieser
Gruppe, insbesondere das III. Bataillon des Sturmregimentes unter Major
Scherber, die östlich von Malemes abgesetzt worden waren, wurden beinahe
vollständig aufgerieben, bevor sie den Boden erreichten. An der Küste bei
Rethymnon und Iraklion trafen die Segler- und Fallschirmkompanien der
Gruppen Mitte und Ost auf so heftiges Feuer der britischen und australischen
Truppen, daß ihre militärische Wirkung nur gering war. Ihre Verluste waren
so groß, daß sie praktisch außer Gefecht gesetzt waren. Die Truppe von
Oberst Heidrich, die in der Mitte der Insel in das von den Engländern so ge-
nannte »Gefängnistal« südlich von Galatos abgesetzt worden war, bildete die
Ausnahme zu der Regel in diesem Gebiet.

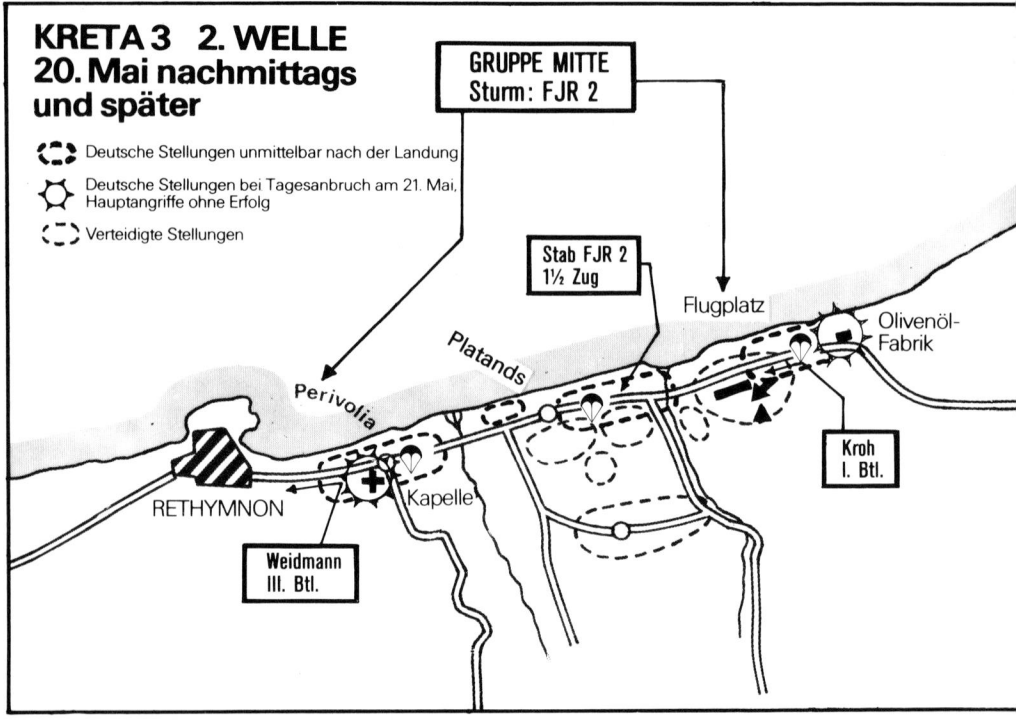

**KRETA 3 2. WELLE
20. Mai nachmittags
und später**

**GRUPPE MITTE
Sturm: FJR 2**

◯⊃ Deutsche Stellungen unmittelbar nach der Landung

◯ Deutsche Stellungen bei Tagesanbruch am 21. Mai,
Hauptangriffe ohne Erfolg

◯⊃ Verteidigte Stellungen

**Stab FJR 2
1½ Zug**

Flugplatz

Olivenöl-
Fabrik

Platands

Perivolia

RETHYMNON

Kapelle

**Kroh
I. Btl.**

**Weidmann
III. Btl.**

Am Abend des ersten Tages stand General Student in seinem Hauptquartier in Athen einer kritischen Lage gegenüber. Bis auf eine kleine Truppe waren seine Fallschirmjäger den ganzen Tag über im Einsatz gewesen, und die erste Flottille, die nach Malemes fahren wollte, war aufgehalten und später am zweiten Tag von der Royal Navy zerstreut oder versenkt worden. Der zweiten Flottille erging es etwas besser, und sie wurde nach Milos zurückgezogen.

Die Mittel des Generals, die Oberhand in der Schlacht um Kreta zu gewinnen, waren nun ziemlich eingeschränkt. Die 5. Gebirgsdivision, die für den östlichen Bereich der Insel vorgesehen war, war noch fast vollständig einsatzfähig, aber weniger als 600 seiner Fallschirmjäger standen noch zur Verfügung. Rethymnon und Iraklion wurden von ihren Verteidigern fest gehalten. Nach reiflicher Überlegung entschied der General, die 5. Gebirgsdivision anders einzusetzen, um dem Angriff auf die Neuseeländer in Malemes am folgenden Tag größeres Gewicht zu verleihen. Diese Überlegung wurde später durch Berichte eines allein eingesetzten Aufklärungsoffiziers, Hauptmann Kleye, bestätigt. Students neuer Plan, der den angreifenden Regimentern auf der Insel um 4.00 Uhr morgens mitgeteilt wurde, war es, Freybergs Verteidigungsstellungen von Westen her aufzurollen.

Viele Schwierigkeiten hatten den ursprünglichen Plan in Frage gestellt. Zu Beginn hatten die Flugzeuge auf den provisorischen Landebahnen in Griechenland dicke Staubwolken hochgewirbelt. In der darauf folgenden Verwir-

86

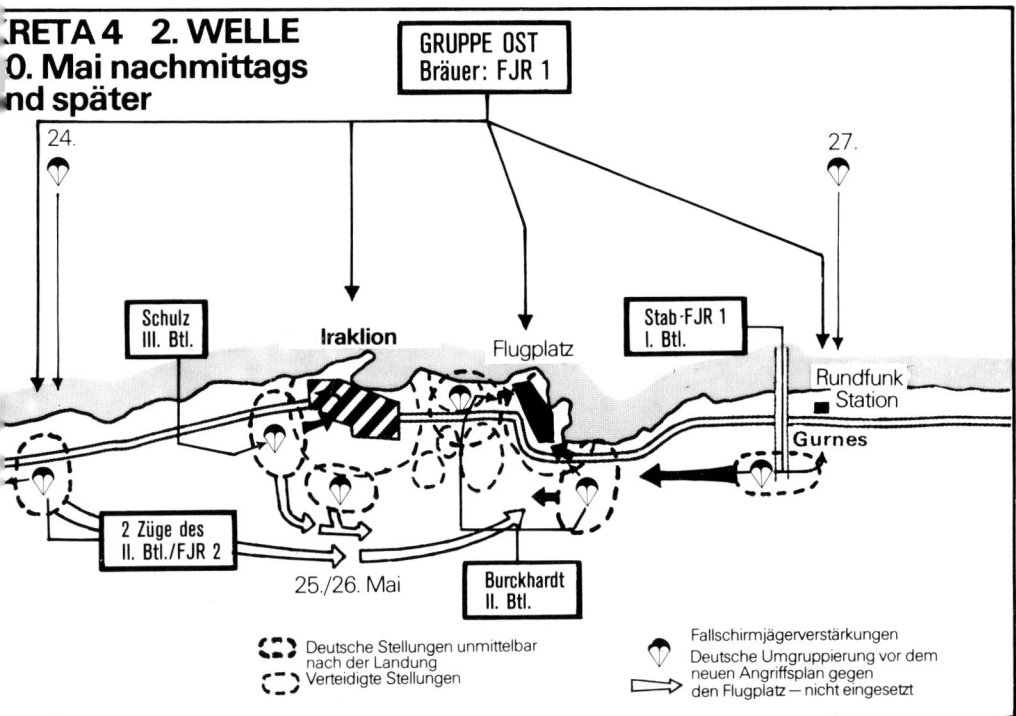

CRETA 4   2. WELLE
0. Mai nachmittags
nd später

GRUPPE OST
Bräuer: FJR 1

24.

27.

Schulz
III. Btl.

Iraklion

Flugplatz

Stab·FJR 1
I. Btl.

Rundfunk
■ Station

Gurnes

2 Züge des
II. Btl./FJR 2

25./26. Mai

Burckhardt
II. Btl.

Deutsche Stellungen unmittelbar
nach der Landung
Verteidigte Stellungen

Fallschirmjägerverstärkungen
Deutsche Umgruppierung vor dem
neuen Angriffsplan gegen
den Flugplatz — nicht eingesetzt

rung hatten die Flugzeugführer es nicht vermocht, sich ordnungsgemäß zum
Verbandsflug zu sammeln und die genau berechneten Anflüge in ihre Absetzgebiete auszuführen. Es ergab sich weiteres Chaos, als die Pläne für die nach-
folgenden Wellen geändert wurden. Viele der Fallschirmjäger erreichten nicht
ihre richtigen Stellungen. Die »Gruppe Mitte« erlitt besonders schwere Verluste, denn ihre Angriffsziele im Gebiet Chania-Suda wurden von einer Vertei-
digungstruppe von 14 800 Mann gehalten. Die Eroberung der Stadt Chania
und des Flugplatzes bei Rethymnon, der von der 19. australischen Brigade
gehalten wurde, war bis zur Abenddämmerung des ersten Tages sicher nicht
mehr möglich.

Die beiden Segler-Kompanien des Sturmregimentes unter Hauptmann Altmann und Oberleutnant Genz, die in insgesamt 30 Seglern transportiert wurden, hatten bis zu einem gewissen Grade Erfolg, obwohl viele Segler durch
das Abwehrfeuer zerstört wurden und andere bei der Landung zu Bruch gingen. Einer kleinen Abteilung unter Genz gelang es, die Flugabwehrstellungen
bei Chania zu erobern. Einer anderen Abteilung gelang es hingegen nicht,
die Radiostation einzunehmen, und von denjenigen, die mit Heidrich in Verbindung treten sollten, gelangten weniger als 30 bis zu seiner Truppe im »Gefängnistal«.

Von dem Moment an, in dem sie ihre Flugzeuge verließen, litten die Männer der »Gruppe Mitte« schwer. Beinahe alle Soldaten, die in der Nähe von

Galatos landeten, wurden auf der Stelle getötet. Viele von ihnen landeten zu weit verstreut, um feuerkräftige Kampfgruppen zu bilden. Einige Kompanien waren über eine Entfernung von fast fünf Kilometern verteilt, und in der Abenddämmerung waren die Überlebenden der zuerst Abgesetzten noch weit auseinander und wenig kampfkräftig.

Im »Gefängnistal« war die Lage kritisch. Hier gelang es Heidrich und dem Rest des Fallschirmjägerregimentes 3, weniger als tausend kampffähige Männer, mehrere Tage lang nicht, aus einer Umklammerung durch australische Truppen auszubrechen. Die Fallschirmjäger hielten drei Tage in einem Feuerhagel aus, bis es gelungen war, eine Verbindung mit Truppen herzustellen, die entlang der Küste von Malemes aus vorgingen.

Der deutsche Zeitplan konnte nicht mehr eingehalten werden. Die Überraschung war nicht gelungen. Auf den Flugplätzen in Griechenland herrschte Chaos. Es gab praktisch keine Nachrichtenverbindung zwischen den Einsatzgefechtsständen in Griechenland und den Truppen am Boden auf Kreta, obwohl vom allerersten Augenblick des Angriffs an eine Funkverbindung mit dem Sturmregiment in Malemes hergestellt worden war. Das Mißlingen der zeitlichen Abstimmung der Flugpläne führte dazu, daß die Truppen verspätet in ihren Einsatzgebieten ankamen. Die Flugverbände waren nicht in der richtigen taktischen Reihenfolge formiert, und andere landeten ohne Jagdfliegerschutz. Dies war im wesentlichen auf ungenügende Telefonverbindung zwischen den Transportfliegergruppen und den Jagdfliegerstaffeln zurückzuführen. Der Luftlandetruppe, die nach Kreta geflogen worden war, fehlten 600 Mann an ihrer Kampfstärke.

Abgesehen von diesen unerwarteten Pannen war das Versagen der deutschen Nachrichtendienste ebenfalls schwerwiegend. Die Schätzungen über die Stärke der Verteidiger der Insel widersprachen sich, und die Kampfmoral und Feuerstärke der Inselbesatzung waren unterschätzt worden. Geographische Gegebenheiten und Einzelheiten auf Luftaufklärungsfotografien waren falsch ausgewertet worden. Das hatte zur Folge, daß die Segler frontal in terrassenförmige Berghänge hinein landeten, während man verhältnismäßig weiche Landungen erwartet hatte.

In Malemes zeigten sich am zweiten Tag des Angriffs Anzeichen für eine Verbesserung der Lage für die Deutschen. General Student entschloß sich kühn, seine Reservefallschirmtruppe einzusetzen, 550 Mann, die in Griechenland verblieben waren. Fortuna schien jetzt dem Unternehmen »Merkur« beizustehen. Unter der Vorstellung, daß ihre vorgeschobenen Kompanien überwältigt worden waren, zogen sich die Überreste der beiden neuseeländischen Brigaden während des Verlaufs der Nacht aus dem Gebiet um Malemes zurück. Als Stoßtrupps der Gruppe West die Höhe 107 erreichten, eine Schlüsselstellung für die Verteidigung des Flugplatzes, war es ihnen leicht möglich, die geringe, noch verbliebene Gegenwehr zu überwältigen.

Der lebenswichtige Flugplatz lag nun fast in Reichweite der Deutschen. Das Fallschirmjäger-Sturmregiment war zur Unterstützung der »Gruppe West« nach Malemes entsandt. Generalmajor Meindl, ihr verwundeter Kommandeur, war bereits ausgeflogen worden und wurde jetzt durch Oberst Ramcke ersetzt. Dieser war ein entschlossener Veteran des Ersten Weltkrieges und vergleichsweise neu bei der Luftlandetruppe. Sofort nach seiner Landung

Gebirgsjäger der 5. Gebirgsdivision bereiten sich zum Einsteigen in die Maschine vor. Ihre Ruhe und ihr geschickter Einsatz zur Unterstützung der Fallschirmjäger rettete die Invasion vor einer Katastrophe.

übernahm Ramcke das Kommando über die Gruppe und ging geschickt daran, das »Tor« zur östlichen Route entlang der Küste zu öffnen.

Der Flugplatz Malemes lag noch unter Artilleriefeuer, als am späten Nachmittag Student die erste Einheit der Gebirgstruppen, das Gebirgsjägerregiment 100 unter Oberst Utz, auf dem Luftwege in die Schlacht entsandte. Die Ju 52 flogen ihre kostbare Fracht von Männern und Nachschub in ein Inferno von brennenden Flugzeugen und explodierenden Granaten. Überall lagen Transportflugzeuge, teilweise sogar übereinander. Viele der Junkers-Maschinen waren in Stücke zerschossen oder lagen ausgebrannt auf den Stränden. Durch die Geistesgegenwart der Flugzeugführer gab es nur wenig Verwundete, aber die Verluste an Flugzeugen waren extrem hoch. Dennoch wurde der größte Teil des Gebirgsbataillons zusammen mit seinem Regimentsstab insgesamt 650 Mann, sicher gelandet. Unter Ramckes Kommando wurde die Kampfkraft der »Gruppe West« schnell wiederhergestellt. Ramcke war zuversichtlich, seine Stellungen in Malemes gegen einen erwarteten Gegenangriff halten zu können, aber die Zuversicht des Obersts wurde von dem weit entfernten Oberkommando nicht geteilt. Hitler und Göring, die über die von den Fallschirmjägern erlittenen Verluste entsetzt waren, erlaubten keine Erwähnung der Landung auf Kreta in der Presse oder im Rundfunk.

Am dritten Tag, nachdem Malemes weiter in deutscher Hand war und die erwartete Gegenattacke zum Halt gebracht worden war, erreichten weitere Bataillone der Gebirgsdivision die Insel, zusammen mit ihrem Divisionskommandeur, General Ringel.

Nach dem Tode von Süßmann übernahm Ringel das Oberkommando über die Bodentruppen, und in den nächsten fünf Tagen ging er systematisch vor, um General Students Plan des Aufrollens der Verteidigung vom Westen her in die Tat umzusetzen. Nach Malemes fiel Chania, und Student flog nach Kreta, um zu sehen, was von seinem Korps übriggeblieben war.

Es wurde die Verbindung mit Heidrich und den Resten der »Gruppe Mitte« hergestellt, einer Truppe aus Gebirgs- und Fallschirmjägern, dann wurde ein Großangriff gestartet, um das Gebiet Chania-Suda zu säubern. Viele Angehörige des FJR 2, einschließlich ihres Kommandeurs Oberst Sturm, waren bei Rethymnon gefangengenommen worden. Die Gefangenen wurden befreit, und mit den Fallschirmjägern in Reserve unternahm die 5. Gebirgsdivision, einen letzten Angriff, um die Insel von Verteidigern zu säubern. Die Bucht von Suda, Rethymnon und Iraklion fielen in schneller Folge.

Am 24. Mai hatte der neuseeländische General Freyberg die Hoffnung aufgegeben, Kreta halten zu können, und angesichts der schweren, von der Royal Navy erlittenen Verluste, wurde am 27. Mai die Entscheidung getroffen, die Insel zu evakuieren. Am folgenden Tag gab die Mehrheit der Verteidigungskräfte die Kämpfe auf und zog sich zu dem südlichen Hafen Sphakion zurück. Als das Morgengrauen des 27. Mai anbrach, hielten die Kommandos von Laycock eine Verteidigungsstellung entlang der Hauptstraße von der Mitte der Insel nach Sphakion. Gnadenlos von den Stukas bombardiert, bemerkte der anwesende Schriftsteller Captain Evelyn Waugh: »Wie alles Deutsche ist es sehr wirksam, aber es dauert viel zu lange.«

Die Royal Navy erlitt schwere Verluste bei Versuchen, Truppen von den nördlichen Teilen der Insel zu evakuieren, obwohl eine erfolgreiche Evakuierung bei Iraklion stattfand. In Rethymnon beschleunigten Ringels Gebirgstruppen und ein Panzerbataillon, die inzwischen von See her gelandet worden waren, mit Panzern und Motorrädern, die Kapitulation, aber einige der Verteidiger flüchteten in die Berge und kämpften weiter als Partisanen. Der letzte Teil der Evakuierung fand am 31. Mai von einem Strand bei Sphakion statt.

Die alliierten Verluste in der Schlacht waren ungefähr 17 500 Tote, Verwundete und Gefangene. 12 000 britische, australische und neuseeländische Soldaten gingen in Gefangenschaft, die Anzahl der griechischen Soldaten und kretischen Kämpfer wurde nie genau festgestellt. Dazu waren neun britische Kriegsschiffe versenkt und siebzehn beschädigt. Etwas mehr als die Hälfte der gesamten Garnison von 42 500 Mann wurde von der Royal Navy über das Mittelmeer nach Ägypten transportiert.

Für die deutsche Seite war es ein Pyrrhussieg: 6000 Tote von 22 000 Mann, die für das Unternehmen eingesetzt worden waren; 3764 Tote waren Luftlan-

Eine Einheit des Fallschirmjägerregimentes 1 bezieht eine neue Stellung. Ein Esel zieht einen Behälter, damit die Soldaten in der brütenden Hitze Kraft sparen.

Am 25. Mai 1941 kommt Generalleutnant Student zum ersten Mal nach Kreta. Hier nimmt er die Meldung eines Soldaten in Anwesenheit von Oberst Ramcke (rechts) entgegen.

desoldaten. Von den 500 eingesetzten Transportflugzeugen wurden mehr als 250 zerstört. Zu den Toten und Verwundeten gehörten viele hohe Offiziere des XI. Fliegerkorps, unter ihnen der Kommandeur der 7. Fliegerdivision General Süßmann, der getötet worden war, als die Schleppleine seines Seglers riß, nachdem er kaum den Boden verlassen hatte. Eine Anzahl erfahrener Offiziere und Unteroffiziere aller Dienstgrade fiel; auch Braun, der Major der Kampfgruppe, Scherber, der Kommandeur des III. Bataillons/Sturmregiment, und von Plessen, der Fachmann für den Seglereinsatz. Die eigentliche »Speerspitze« der deutschen »Lanze« lag – wie Churchill sagte – zerschmettert am Boden.

Hitler, der von den ersten Tagen an sehr interessiert an den Luftlandetruppen gewesen war, erklärte Student zwei Monate nach der Schlacht von Kreta: »Die Tage der Fallschirmjäger sind gezählt. Die Fallschirmtruppe ist eine Überraschungswaffe, und ohne das Moment der Überraschung kann es keine Zukunft für Luftlandetruppen geben.«

In bezug auf die Angriffsunternehmen der deutschen Luftlandetruppen sollte sich Hitlers Voraussage in der Wolfsschanze bewahrheiten. Obwohl nach Kreta die Kampfstärke des Korps wiederhergestellt worden war und die Fallschirmjäger mit großer Entschlossenheit in Rußland, Tunesien, Italien und Nordwesteuropa kämpften, wurden sie doch größtenteils in der konventionellen Rolle der Infanterie eingesetzt. Begrenzte Fallschirmeinsätze wurden bei der Besetzung der Insel Leros im Jahre 1943 und später im Winter 1944 während der Ardennenoffensive ausgeführt.

Die Unzulänglichkeiten des Einsatzes des Korps auf Kreta, die Erfordernis, schweres Gerät zu haben, die übermäßige Abhängigkeit von der Luftüberlegenheit, der schwere Verlust an Transportflugzeugen und Seglern und die Verwundbarkeit bei der Landung ließen bei der deutschen Führung starke Zweifel hinsichtlich der zukünftigen Durchführbarkeit von Unternehmen wie »Merkur« aufkommen. Selbst wenn man die Fehler, die die Verteidiger der Insel in ihrer Verwirrung machten, außer acht läßt, waren die Fallschirmjäger einem Fehlschlag nur knapp entgangen. Nur dank General Students Wagemut und dem rechtzeitig geänderten Einsatz der 5. Gebirgsdivision war die Fliegerdivision nicht vollständig vernichtet worden.

Ein wichtiger Faktor, der zu dem deutschen Erfolg beitrug, war die völlige Fehleinschätzung von Organisation, Stärke und Ausrüstung der deutschen Luftlandetruppen auf der britischen Seite. Die Briten, die schließlich ihre Ungewißheit durch die Befragung von gefangenen Fallschirmjägern und durch eine genaue Untersuchung von eroberten Regimentsbefehlen und anderen militärischen Dokumenten verloren, gewannen durch den Kampf auf der Insel wertvolle Erkenntnisse. Hitlers negative Ankündigung über die Zukunft der Luftlandetruppen kann im Zusammenhang mit Kreta verstanden werden, aber seine Haltung hinsichtlich der Zukunft von Luftlandeeinsätzen sollte sich später als falsch herausstellen. Die Deutschen glaubten nicht, daß ihre Feinde in großem Umfang Luftlandetruppen aufstellen würden, aber die Lektion von Kreta belehrte die Alliierten nicht nur über die großen Möglichkeiten, die durch Luftlandeeinsätze gegeben waren, sondern auch darüber, wie sie diese Lektion zu ihrem Vorteil verwenden konnten.

Wie gut die Lektion begriffen worden war, zeigte die alliierte Luftlandeinvasion auf Sizilien im Juli 1943. Aber in gleichem Maße, wie die Alliierten bei den Massenabsprüngen anläßlich der Invasion der Normandie im Juni 1944 und später in Holland und bei der Überquerung des Rheins Fallschirmjäger einsetzen, schwand das Glück der deutschen Luftlandetruppen, und die Möglichkeiten, Luftlandeangriffe großen Stils auszuführen, wurden immer geringer und waren schließlich nicht mehr gegeben. Die Luftwaffe war weit davon entfernt, die Luftüberlegenheit innezuhaben, und Transportflugzeuge waren nicht vorhanden. Als in der Normandie eine Luftlandegegenattacke vorgeschlagen wurde, wies das deutsche Oberkommando den Plan zurück, weil die Fallschirmjäger schon in Bodenkämpfe verwickelt waren.

Schon bevor die Eroberung Kretas abgeschlossen war, wurden die Lufttransporttruppen dem XI. Korps weggenommen und in Bereitschaft für das Unternehmen »Barbarossa« gestellt. Die Stukas und die Langstrecken-Jagdflieger von Kreta, die leichte Artillerie der Fallschirmjäger, wurden den vier Luftflotten zugeteilt, die bei der Invasion der UdSSR eingesetzt werden sollten. In Polen wurden drei deutsche Armeegruppen für die Überquerung der sowjetischen Grenze zusammengefaßt.

Kreta, das durch Küstenartillerie verstärkt wurde, diente – wie es Hitlers Absicht gewesen war – als Stützpunkt für Angriffe gegen britische Schiffe und auch als Etappe für Verstärkungen und Nachschub, die für Nordafrika bestimmt waren. Die 7. Fliegerdivision kehrte in ihre Garnisonstädte Braunschweig und Hildesheim zurück, wo ihre Soldaten als Helden begrüßt wurden. Student, Ramcke und Genz waren unter denjenigen, die für ihre Leistungen ausgezeichnet wurden. Aber die überschwengliche Stimmung der Fallschirmjäger sollte nur kurze Zeit andauern.

Militärische Einsätze – Kampf an allen Fronten

In Rußland hatten die am 22. Juni 1941 so siegesgewiß in Bewegung gesetzten deutschen Truppen Mitte November eine Linie erreicht, die sich von den Toren Leningrads im Norden südwärts um die Waldaihügel erstreckte, bevor sie ostwärts nach Kalinin und dann südwärts durch Charkow verlief, bis sie östlich von Mariopol das Asowsche Meer erreichte.

Dieses offensive Unternehmen, das ohne Parallele in der Geschichte der Kriegsführung ist, wurde schließlich zum Halten gebracht, als die Kampfstärke der Panzer- und Infanterieregimenter, die drei Monate lang ununterbrochen gekämpft hatten, bis auf fünzig Prozent ihrer Kriegsstärke reduziert worden war und in manchen Fällen bis auf ein Viertel ihrer Stärke. Viele Einheiten waren nicht mehr in der Lage, ihre militärischen Ziele zu erreichen. Es folgten Winterschlachten, in denen die Armeegruppen Nord und Mitte kämpften, um ihre Stellungen um Leningrad und Moskau zu festigen. Das OKW, das Oberkommando der Wehrmacht, setzte die 7. Fliegerdivision in einzelnen Einheiten zur Verstärkung der Infanterie in den kritischen Bereichen ein. Das Kommando über die Division hatte jetzt Generalleutnant Petersen, der Nachfolger General Süßmanns.

Als Teil des Planes des OKW, zusätzliche Panzerkräfte für einen erneuten Angriff auf Moskau bereitzustellen, wurde Generaloberst Hoepners Panzerkorps am 17. September von der Front vor Leningrad abgezogen und dem Kommando der Armeegruppe Mitte unterstellt. In dem Vakuum, das durch den Abzug des Panzerkorps südlich und südwestlich von Schlüsselburg geschaffen worden war, richteten die Russen Brückenköpfe über die Newa ein, zuerst in Petruschino, wo sie den Angriff der 16. deutschen Armee auf die Stadt bedrohten, und dann in Wyborgskaya. Es folgten schwere Angriffe auf Ssinjawino, in den weiten, schneebedeckten Wäldern des Wolchow.

Um diesen Bedrohungen zu begegnen, wurde das II. Bataillon des Sturmregiments, die erste der Fallschirmeinheiten, in den Bereich eingeflogen. Später folgten FJR 1, FJR 3, leichte Artillerie- und Pioniereinheiten und noch später der Stab der 7. Fliegerdivision.

Nach andauernden und oft erbitterten Kämpfen vernichteten die Männer des Sturmregiments den Brückenkopf über die Newa bei Petruschino, aber sie zahlten einen ungeheuren Blutzoll und verloren auch ihren Kommandeur Major Stenzler, den Veteran von Höhe 107 und von Malemes. Alle Offiziere des Bataillons wurden bei diesem Einsatz entweder getötet oder verwundet. Das Fallschirm-Pionierbataillon unter Major Liebach schlug zahlreiche russische Angriffe zurück und verteidigte erfolgreich seine Stellungen bei Ssinjawino und das »Wespennest« an der Newa. Die beiden Fallschirmjägerregimenter FJR 1 und FJR 3 und die Fallschirm-Panzerabwehreinheiten wurden unabhängig voneinander unzählige Male in wilden und verlustreichen Kämpfen

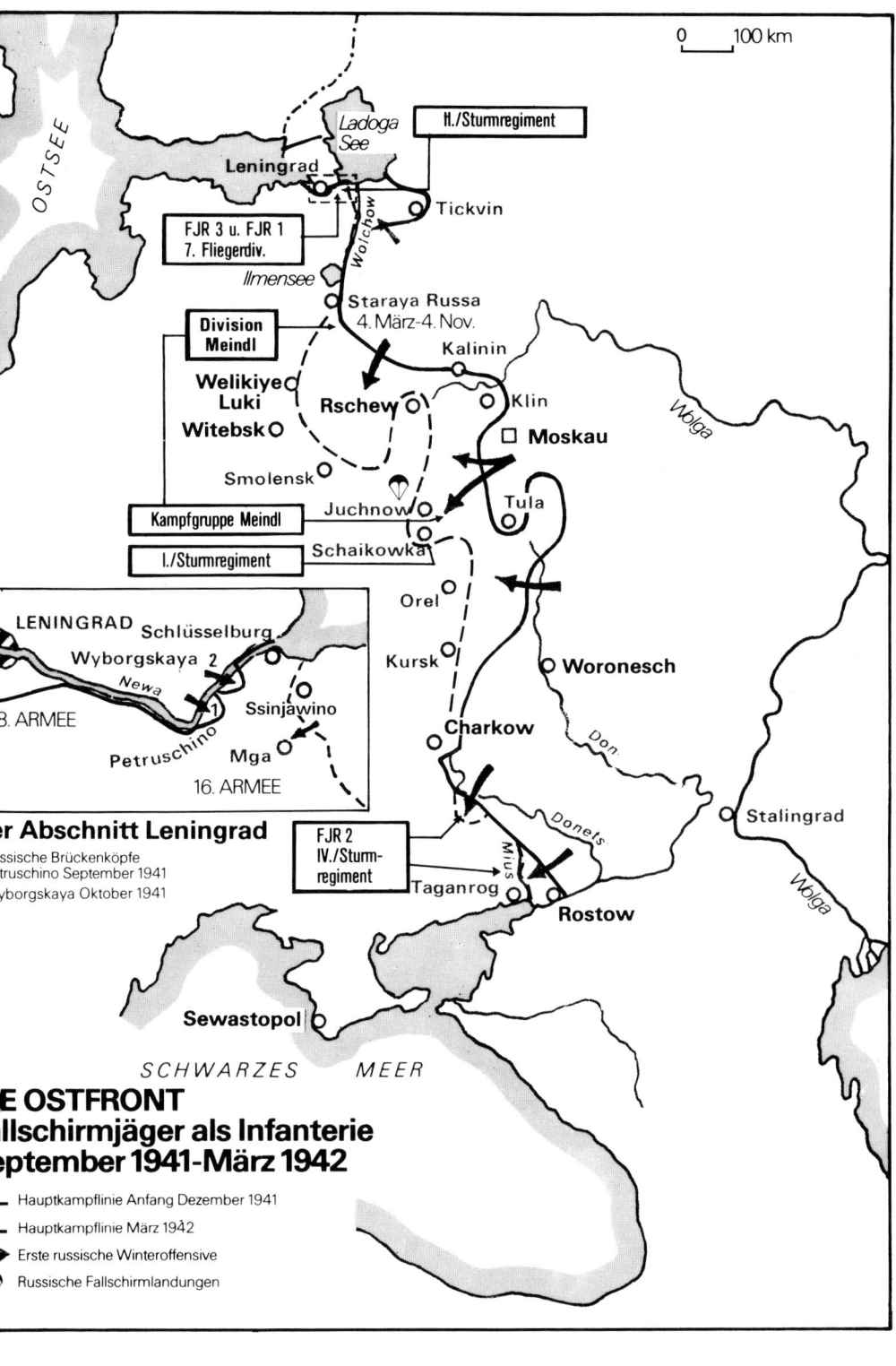

0 _____ 100 km

Ladoga See

H./Sturmregiment

Leningrad

OSTSEE

Tickvin

FJR 3 u. FJR 1
7. Fliegerdiv.

Ilmensee

Wolchow

Staraya Russa
4. März-4. Nov.

Division Meindl

Kalinin

Welikiye Luki ○

Rschew ○

Witebsk ○

Klin

□ **Moskau**

Wolga

Smolensk ○

Juchnow ○

Tula

Kampfgruppe Meindl

I./Sturmregiment

Schaikowka

Orel ○

LENINGRAD   Schlüsselburg

Kursk ○

Woronesch

Wyborgskaya 2

Newa

Ssinjawino

Charkow ○

Don

3. ARMEE

Petruschino

Mga ○

16. ARMEE

Donets

Stalingrad ○

er Abschnitt Leningrad

**FJR 2
IV./Sturm-
regiment**

Mius

ssische Brückenköpfe
truschino September 1941
yborgskaya Oktober 1941

Taganrog ○

Rostow

Wolga

Sewastopol ○

SCHWARZES   MEER

E OSTFRONT
llschirmjäger als Infanterie
eptember 1941-März 1942

– Hauptkampflinie Anfang Dezember 1941

– Hauptkampflinie März 1942

► Erste russische Winteroffensive

) Russische Fallschirmlandungen

UdSSR 1942: Geruhsame Reise mit einem Zug. Eine Einheit des Sturmregimentes, dessen Emblem – eine Sternschnuppe – auf das Heck ihres Fahrzeuges gemalt ist, bezieht neue Stellungen an der Ostfront.

UdSSR 1941: Große Teile der Vororte von Leningrad wurden durch Artillerie und Luftbombardements nahezu dem Boden gleichgemacht. Die Trümmer von halb zerstörten Gebäuden hielten unerwarteterweise die Deutschen in ihrem Vormarsch auf. Die Fallschirmjäger zogen hieraus die richtigen Lehren – wie ihre hartnäckige Verteidigung von Cassino später so überzeugend bestätigte.

eingesetzt. Ende November war ein großer Teil der Division an der Nordfront eingesetzt, mit Ausnahme von FJR 2, das im Süden kämpfte, und des Fallschirm-MG-Bataillons, das im Bereich Mitte verwendet wurde.

Die sechswöchige Verzögerung des Vormarsches auf Moskau, die der Eroberung Smolensks im August folgte, während die Deutschen an den Flanken operierten, sollte sich als verhängnisvoll für den erfolgreichen Ausgang der deutschen militärischen Unternehmen im Bereich Mitte erweisen, trotz der Hilfe durch Hoepners Panzerkorps. Der russische Winter traf die deutschen Truppen unvorbereitet, und darüber hinaus gewann Stalin kostbare Zeit, in der er Reserven in die Hauptstadt bringen konnte.

Im Dezember schuf die erste sowjetische Gegenoffensive einen tiefen Einbruch über die Düna in Richtung Vitebsk, wodurch der deutsche Besitz des lebensnotwendigen Nachschubflughafens bei Schaikowka gefährdet wurde. Die gefährliche Aufgabe, diesen Flugplatz zu verteidigen, erhielt das I. Bataillon des Sturmregimentes, das – wie früher auf Kreta – von Major Koch befehligt wurde. Obwohl es oft von den anderen deutschen Truppen abgeschnitten wurde, hielt das Bataillon den Flughafen den ganzen Winter hindurch, wobei es nicht nur den wütenden Angriffen sibirischer Einheiten standhielt, sondern auch den winterlichen Temperaturen, die bis auf minus dreißig Grad Celsius fielen.

An anderer Stelle im Bereich Mitte hatte die 9. deutsche Armee bei Rschew einen Einbruch in die russische Front erkämpft, in dem das Fallschirm-MG-Bataillon dem strengen Winter ebenfalls standhielt, während es gleichzeitig russische Angriffe abwehrte, die es aus seinen offenen Stellungen verdrängen sollten. In Juchnow kämpfte die Stabskompanie des Sturmregimentes, verstärkt durch das SS-Regiment 4 und Luftwaffenflak- und Bodenmannschaften unter dem Regimentskommandeur Generalmajor Meindl als Kampfgruppe Meindl, obwohl der Feind in ihrer Flanke stand, bis sich das Blatt im Februar 1942 schließlich wendete.

General Meindl faßte später mehrere Luftwaffen-Feldregimenter zur Division Meindl zusammen und kämpfte mit ungeheurer Entschlossenheit im Gebiet südlich von Staraya Russa, wo ein russischer Durchbruch die deutschen Stellungen bedrohte. Die Erfahrung des Generals mit Luftwaffenregimentern an der Ostfront führte ihn dazu, als Kommandeur des XIII. Fliegerkorps, das in Großborn aufgestellt worden war, zweiundzwanzig neue Luftwaffen-Erdkampfdivisionen für die Kämpfe in Ost- und Südosteuropa aufzustellen. Der Stab des Korps sollte später der Kern des II. Fallschirmkorps werden, als im Winter 1943 die Korps neue Fallschirmdivisionen aufstellen sollten. Das Sturmregiment, General Meindls frühere Einheit, dessen Bataillone in kritischen Bereichen entlang der ganzen Front verteilt waren – alle, d. h. mit Ausnahme des III. Bataillons, das mit Major Scherber auf Kreta gefallen war –, konnte nicht länger als geschlossener Verband kämpfen und sollte nie wieder gemeinsam eingesetzt werden, wie es während des Unternehmens »Merkur« der Fall war.

Am südlichen Ende der Front, entlang dem Verlauf des Flusses Mius, der dazu beitrug, die deutschen Stellungen zu schützen, hielt das FJR 2 mit zusätzlichen Fallschirmeinheiten und dem IV. Bataillon/Sturmregiment die Übergänge gegen starke sowjetische Kräfte. Hier kämpften ebenfalls die gut

UdSSR 1941: Bei Schaikowka. Ein zerstörter Fieseler Storch, Fi 156, zeigt die Genauigkeit des russischen Artilleriefeuers. Maschinen wie diese wurden für die Artilleriebeobachtung oder als Transportmittel für hohe Heeres- und Luftwaffenoffiziere verwendet.

ausgebildeten Fallschirmjäger verbissen als Infanteristen, und ihre bitteren Verluste zeugen von der Entschlossenheit, mit der sie kämpften. FJR 2 wurde nach längerer Verteidigung der Stellungen am Mius später an den Wolchow verlegt und trug dort in den Marschwäldern wesentlich zu den Bemühungen der 16. Armee bei, die sowjetische Frühjahrsoffensive, die die Belagerung Leningrads beenden sollte, aufzuhalten.

Im ersten Jahr ihrer Einsätze an der Ostfront wurden 3000 Fallschirmjäger entweder getötet oder verwundet; viele von ihnen unersetzliche, schlachterfahrene Veteranen, die die Angriffe auf Holland und Kreta überlebt hatten. Mit dem Frühjahrstauwetter jedoch wurden die Fallschirmjäger-Bataillone schließlich abgezogen und zur Auffrischung in Ausbildung und Neuausrüstung nach Nordfrankreich und Mitteldeutschland verlegt. Im Spätsommer 1942 erschien es wahrscheinlich, daß die Division für einen Luftlandeeinsatz an der Westflanke des Kaukasus verwendet werden sollte. Die vorgesehene Aufgabe war, die Zugänge nach Tuapse am Schwarzen Meer für die Armeegruppe A zu sichern. Der Zusammenbruch von Generalfeldmarschall Lists Armeen brachte jedoch die Aufhebung des Planes mit sich. Bis Ende Oktober war die 7. Fliegerdivision zurück an der Front nördlich von Smolensk und nahm an den bei Welikiye Luki und Orel wütenden Schlachten teil.

Während die Fallschirmjäger als Infanteristen in Rußland kämpften, überprüfte der Stab des XI. Fliegerkorps noch immer die Lehren aus Kreta. Es wurde eine Lösung für das Problem der im Lufttransport mitgeführten Artil-

101

lerie gesucht. Verbesserungen der Abwurfverfahren für Waffen an die Truppen auf dem Boden wurden eingeführt. Reichweite und Zuverlässigkeit des Nachrichtengeräts wurden ebenfalls verbessert. Es wurden Pläne untersucht, die Transportfähigkeit der Lufttransportgruppen durch die Einführung neuer Flugzeuge und Segler, insbesondere der Gotha 242 und Me 323 zu vergrößern. Trotz Hitlers Voraussage nach Kreta wurden ausgedehnte Untersuchungen über neue Gelegenheiten für den Einsatz der Luftlandetruppen angestellt. Mögliche Ziele waren Malta, Gibraltar, die Kapverdischen Inseln und der Hafen von Toulon.

Das Projekt Gibraltar (Operation »Felix«) wurde nie mehr als ein oberflächlicher Plan für die Eroberung des Felsens durch Fallschirm- und Luftlandetruppen. Der Plan wurde erstmals im Herbst 1940 ins Auge gefaßt, dann fallengelassen und erst nach der alliierten Landung in Nordafrika im Jahre 1942 wieder aufgegriffen. Die begrenzte Reichweite der deutschen Transport- und Jagdflugzeuge erforderte Flugplätze in Spanien, aber die spanische Regierung stellte den Deutschen für die Benutzung ihrer Flugplätze unannehmbare Bedingungen.

Der im Jahre 1941 aufgestellte Plan für die Eroberung des Hafens von Toulon sah vor, daß starke Fallschirmjäger-Abteilungen in Verbindung mit Seglertruppen auf dem Kai und – wenn möglich – sogar an Bord der größeren französischen Schiffe, die hier vor Anker lagen, landen sollten. Küstenbatterien, die den Hafeneingang beherrschten, sollten ebenfalls besetzt werden. Die deutsche Absicht, die französische Flotte durch einen Handstreich zu nehmen, wurde nie ausgeführt. Die meisten französischen Schiffe im Hafen von Toulon wurden von ihren Besatzungen selbst versenkt, als die Deutschen nach der alliierten Invasion Nordafrikas im November 1942 ganz Frankreich besetzten.

Das Unternehmen »Herkules«, der Plan zur Eroberung Maltas, erhielt höchste Priorität. Die Inselfestung Malta, von der britische Marine- und Luftwaffenkräfte die Nachschubkonvois der Achsenmächte nach Nordafrika angriffen, war auch eine wichtige Etappe für die britischen Nachschublieferungen, die durch das Mittelmeer nach Ägypten gesandt wurden.

Im Frühjahr 1942 trafen sich Hitler und Mussolini auf dem Obersalzberg, um die Invasion Maltas zu besprechen. Sie kamen darin überein, daß Malta während des Sommers erobert werden sollte, wobei die Italiener den weitaus größeren Teil einer Invasionsarmee von sechs Divisionen stellen sollten. Die Landung sollte unmittelbar anschließend an einen italienisch-deutschen Luftlandeangriff mit 30 000 Mann stattfinden. Generalmajor Ramcke wurde als Instrukteur zur italienischen Division Folgore abgestellt, und einen Monat später machte General Student einen Besuch in Rom, um die Einsatzplanung mit den Italienern abzustimmen. Die Invasionskräfte sollten unter das Kommando des Fürsten von Piemont gestellt werden. Die Luftaufklärung zeigte die Stärke von Maltas Flugabwehrstellungen und Befestigungen und gab viele zusätzliche Informationen über die Insel. Die Stäbe der Geheimdienste kannten sogar das Kaliber der Küstenkanonen und konnten so die Wirkung ermessen, die deren Einsatz gegen die Invasoren haben würde.

Segler vom Typ Gotha 242 und die Me 321, die 120 Mann oder eine Feldhaubitze zusammen mit ihrer Halbketten-Zugmaschine transportieren konn-

Behelfsmäßige Schlitten werden beim Transport von Nachschub und Gerät zu den Einheiten eingesetzt. Die Tarnung für den Wintereinsatz besteht jetzt aus einer Jacke mit Kapuze und einer Hose, die über dem Kampfanzug getragen werden.

te, wurden in Bereitschaft gebracht. Zehn Lufttransportgruppen unter Generalmajor Conrad mit ungefähr 500 Ju 52 wurden in Sizilien zusammengezogen. Eine Streitmacht mit insgesamt 100000 Mann erwartete ungeduldig das Signal zum Einschiffen nach Malta, das von 30000 britischen Soldaten verteidigt wurde. Der deutsche Plan war im großen und ganzen der gleiche wie der für das Unternehmen »Merkur«. Die maltesischen Luftwaffenstützpunkte und das Küstenland sollten von den Luftlandetruppen erobert werden. Dieser ersten Phase sollte die Landung einer starken Invasionsarmee von See her folgen.

In der Zwischenzeit hatte General Auchinlecks britische Truppe in der westlichen nordafrikanischen Wüste eine Reihe von Katastrophen erlebt. Nach dem Angriff auf die Stellungen bei Gazala-Bir Hacheim, der mit großer Feuerkraft vorgetragen wurde, hatte General Rommel die englischen Truppen vor sich hergetrieben. Am 21. Juni 1942 war die Garnison von Tobruk, die in der Hauptsache aus Südafrikanern bestand, gezwungen, sich zu ergeben, und Auchinleck mußte sich in eine Verteidigungsstellung zurückziehen, die sich von El Alamein zur Kattarasenke hinzog. Da Rommels Panzerarmee sich jetzt in Reichweite Kairos befand, wurden seine rückwärtigen Nachschublinien bedeutend länger. Die Kraftstoffversorgung, die für seine Panzertruppen so lebenswichtig war, hing von langen und gefährlichen Seetransporten zwischen Neapel und Tripolis ab. Die Luftwaffe war in Rußland mehr als ausgelastet, und mit dem jetzt stattfindenden Aufbau der Invasionsarmee für das Unternehmen »Herkules« schränkte die Kraftstoffknappheit die Luftunterstützung und Nachschubversorgung in der westlichen Wüste stark ein. Beide Seiten waren erschöpft: die Deutschen wegen ihrer Nachschubschwierigkeiten, die Briten durch ihre Niederlage in der Schlacht.

Der zum Generalfeldmarschall beförderte Rommel spekulierte noch immer auf einen schnellen Sieg in Ägypten, und Hitler bestand darauf, daß die Luftwaffenunterstützungsverbände, die dem Unternehmen »Herkules« zugeteilt worden waren, dem Afrikakorps zur Verfügung gestellt wurden. Hitler, der ohnehin die Fähigkeit der italienischen Marine anzweifelte, der britischen Mittelmeerflotte erfolgreich gegenüberzutreten, war nicht darauf aus, die deutsche Flagge auf der Insel Malta zu hissen. Rommel setzte seinen Angriff fort, aber sein Panzervorstoß wurde Ende August von der 8. britischen Armee bei Alam el Halfa aufgehalten. Die 8. Armee bereitete im Schutze des Nildeltas ihre größte Offensive vor, die in der Nacht vom 23. zum 24. Oktober in El Alamein gestartet wurde.

Durch die Streichung des Unternehmens »Herkules« wurde eine deutsche Fallschirmbrigade ebenso wie die italienische Division Folgore frei und nach Ägypten verlegt. Ramckes gemischte deutsche Streitkraft von vier Fallschirmbataillonen mit Artillerie, Panzerabwehr- und Pionierunterstützung bezog Stellungen südlich von El Alamein in der Nähe der Kattarasenke. Nach Montgomerys massivem Artilleriebombardement, das am 23. Oktober eröffnet wurde, setzten erbitterte, mehrere Tage dauernde Kämpfe ein, in deren Verlauf beide Seiten schwere Verluste erlitten und das Glück schnell die Seiten wechselte. Am 5. November, als sich die Lage erneut zugunsten der Briten entwickelt hatte, fanden sich die Fallschirmjäger plötzlich ohne irgendwelche Transportmittel abgeschnitten.

Tatsächlich hatte die Fallschirmbrigade bereits am 2. November den Befehl erhalten, sich zurückzuziehen. Obwohl sie nicht unmittelbar in Kämpfe verwickelt waren, wurde die gefährliche Lage der Fallschirmjäger schnell offensichtlich, und der Wettlauf in die Sicherheit begann.die Funkverbindungen waren zu dieser Zeit vollkommen zusammengebrochen, und Ramcke konnte nicht genau wissen, wie weit die Briten entlang der Küstenstraße von El Alamein aus vorgeprescht waren. Nach der Eroberung einer britischen Nachschubkolonne gelang es den Fallschirmjägern am 7. November, mit deren Fahrzeugen die eigene Linie zu erreichen, die sich um diese Zeit 300 km hinter der ursprünglichen Front befand. Für diese Heldentat erhielt Ramcke das Eichenlaub zu seinem auf Kreta erworbenen Ritterkreuz. Ramcke wurde später zum Generalmajor befördert und erhielt die Aufgabe, in Nîmes in Südfrankreich eine zweite Fallschirmjägerdivision aufzustellen.

Die anglo-amerikanische Invasion Französisch-Nordafrikas am 8. November 1942 im Rücken der Achsenmächte, die mit dem Vormarsch der britischen 8. Armee aus Ägypten beschäftigt waren, stellte das deutsche Oberkommando vor neue Probleme. Eine Lösung schien es zu sein, das XI. Fliegerkorps einzusetzen, das zwar nur eine begrenzte Kampfstärke hatte, dafür aber sehr beweglich war. Eilige Vorstellungen der Berliner Diplomaten brachten kurzlebige Unterstützungsgarantien der Franzosen. Alle Feindlichkeiten zwischen den Alliierten und den Franzosen in Algerien und Marokko endeten am 11. November. Zu dieser Zeit marschierten alliierte Truppen schon von Westen her nach Tunesien ein.

Angesichts der schnellen Versprechungen der französischen Regierung wurde eine eilig vorgesehene Fallschirmlandung des FJR 5 gestrichen. Statt dessen wurde das Regiment, jetzt geführt von Oberstleutnant Koch, dem Veteranen von Eben Emael und früheren Kommandeur des I. Bataillons/Sturmregiment, nach Tunesien befohlen. Das Regiment bereitete sich sofort auf die Verlegung von zwei Bataillonen mit Eisenbahn und Flugzeugen aus ihrem Ausbildungsgebiet in der Normandie vor. In Athen erhielt eine von Hauptmann Saur geführte und für Ramckes Brigade vorgesehene Kompanie desselben Regiments den Befehl zur Verlegung nach Tunesien. Es war Saurs Befehl, die tunesischen Flugplätze bei Marsa und El Aouina als Landepunkte für das FJR 5 und andere Luftwaffeneinheiten zu sichern. Saurs Abteilung, die in Ju 52 von Athen über Brindisi eingeflogen wurde, landete am Morgen des 9. November in El Aouina und sicherte systematisch Schlüsselpunkte sowohl in El Aouina als auch in Marsa. Saur konnte bald an Oberst Harlinghausen, den Luftwaffenbefehlshaber Tunesien, melden, daß sein Auftrag ausgeführt sei.

Unterstützt von neu angekommenen Heerestruppen und einer Kompanie von Feldmarschall Kesselrings Wachbataillon aus Rom, ging Hauptmann Saurs vergrößerte Kampfgruppe im Eilmarsch auf den Hafen von Tunis vor. Am 14. November befanden sich die Hafeneinrichtung und die Stadt Tunis in deutscher Hand. Das Wettrennen um Tunis war vorübergehend gewonnen. Ein schneller Aufbau der deutschen militärischen Stärke in Tunesien war bald in die Tat umgesetzt. Das im Gebiet von Neapel angekommene FJR 5 bestieg im nahegelegenen Caserta die riesigen Me-323-Transportflugzeuge. Die 1. Kompanie des Regimentes kam über Tunis an, als der Flugplatz gerade von britischen Jagdflugzeugen angegriffen wurde. Das neu aufgestellte Fallschirm-Pionierbataillon des XI. Fliegerkorps, geführt von Major Witzig, und Teil eines Angriffsregimentes, das von Oberst Barenthin, dem Fachmann des Korps für Pionierfragen, befehligt wurde, wurde in Bizerta ohne Verluste gelandet. Neue Stuka- und Jagdverbände kamen ebenfalls an. Die 10. Panzerdivision, eine Flugabwehrdivision und die italienische Division Superga wurden jetzt ebenfalls für Tunesien vorgesehen. Die massive deutsche Rückendeckung, die in Tunesien zwischen den alliierten Armeen, die von Osten und von Westen vorgingen, aufgebaut wurde, wurde von General Nehring befehligt. Nehring unterstand unmittelbar dem Kommando Generalfeldmarschall Kesselrings in Südeuropa.

Bizerta, Gabes, Sousa und andere Schlüsselstellungen wurden besetzt, und am 11. Dezember wurde der alliierte Vormarsch in Tunesien durch die Gegenangriffe der Achsenmächte, an deren Spitze das FJR 5 kämpfte, im Gebiet von Medjez-el-Bab zum Stillstand gebracht. Mitte Februar wurde ein weiterer starker Gegenangriff gegen das 2. US-Korps unternommen. Das US-Korps wurde etwa 80 km weit zwischen dem Faid-Paß im Norden und Gafsa im Süden zurückgetrieben. Die Deutschen stießen bis zum Kasserine-Pass vor, wurden dann aber aufgehalten und am 3. März in ihre ursprünglichen Stellungen in Tunesien zurückgedrängt.

In der Zwischenzeit war die britische 8. Armee nach ihrem Sieg in El Alamein schnell vorgestoßen. Nach der Einnahme Tobruks am 13. November gingen die »Wüstenratten« durch Bengasi, Tripolis und Mareth vor und nahmen Gabes am 29. März ein. Am 1. Mai wurde das 2. US-Korps an der linken Seite der britischen 1. Armee für den Vorstoß auf Bizerta bereitgestellt. Die 8. Armee mit französischen Truppen an ihrer linken Seite war bereit, nach Tunis einzumarschieren. Am 13. Mai 1943 legten die Streitkräfte der Achsenmächte die Waffen nieder. 240000 Gefangene wurden genommen, die Fallschirmjäger befanden sich unter den 125000 Deutschen. Generaloberst von Arnim, der jetzt deutscher Befehlshaber in Tunesien war, war ebenfalls unter den Gefangenen. Erwin Rommel entkam und kämpfte weiter. Oberstleutnant Koch hatte Nordafrika vor dem deutschen Zusammenbruch verlassen.

Dem deutschen Oberkommando hatte der Afrikafeldzug gezeigt, daß eine gut ausgebildete, bewegliche Reserve erforderlich war. Das XI. Fliegerkorps schien für diese Aufgabe besonders geeignet. In der Zeit der Not in Tunesien hatte man nur etwas mehr als ein Regiment für den Kampf bereitstellen können. Das dritte Jahr des Rußlandfeldzuges war angebrochen. Die Deutschen erholten sich von der Katastrophe bei Stalingrad und ihrem zweiten russischen Winter.

Für die nahe Zukunft mußte das deutsche Oberkommando einen Vorstoß gegen die französische Küste erwarten. Die Notwendigkeit einer schnell beweglichen strategischen Reserve im Westen wurde erkannt, und dementsprechend wurde die 7. Fliegerdivision von der Ostfront abgezogen. Es entstanden Pläne für die Erweiterung des Fallschirmkorps.

rechts: Fallschirmjäger unterstützen die Einsätze des Afrikakorps südlich von El Alamein. Dieses Bild zeigt eine typische Wüstenuniform. Die Metallstange wird zum Aufspüren von Minen im Sand benutzt.

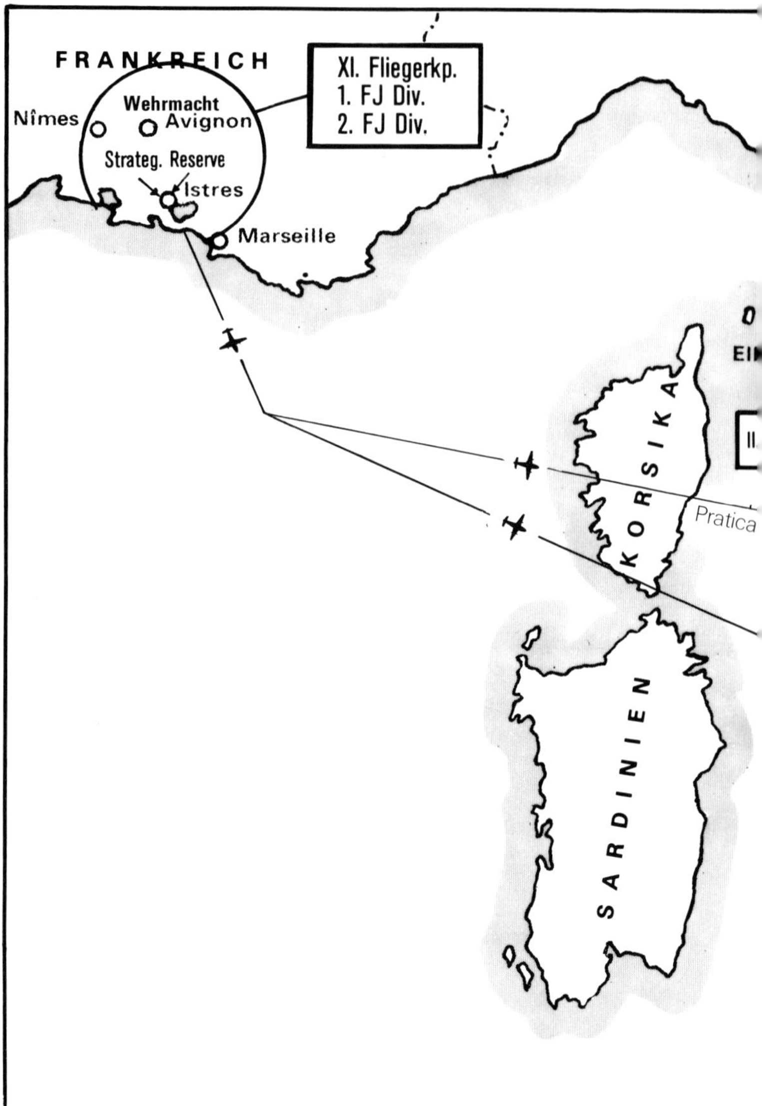

FRANKREICH

Nîmes

Wehrmacht
Avignon

Strateg. Reserve

Istres

Marseille

XI. Fliegerkp.
1. FJ Div.
2. FJ Div.

KORSIKA

Pratica

SARDINIEN

ITALIEN 1
Fallschirmjäger als strategische Reserve
Juli 1943-Dezember 1943

 Alliierte Invasionsarmeen

 Alliierte Luftlandungen

Deutsche Luftlande-Gegenwehr

 Deutsche Fallschirm-/Segler-Landungen

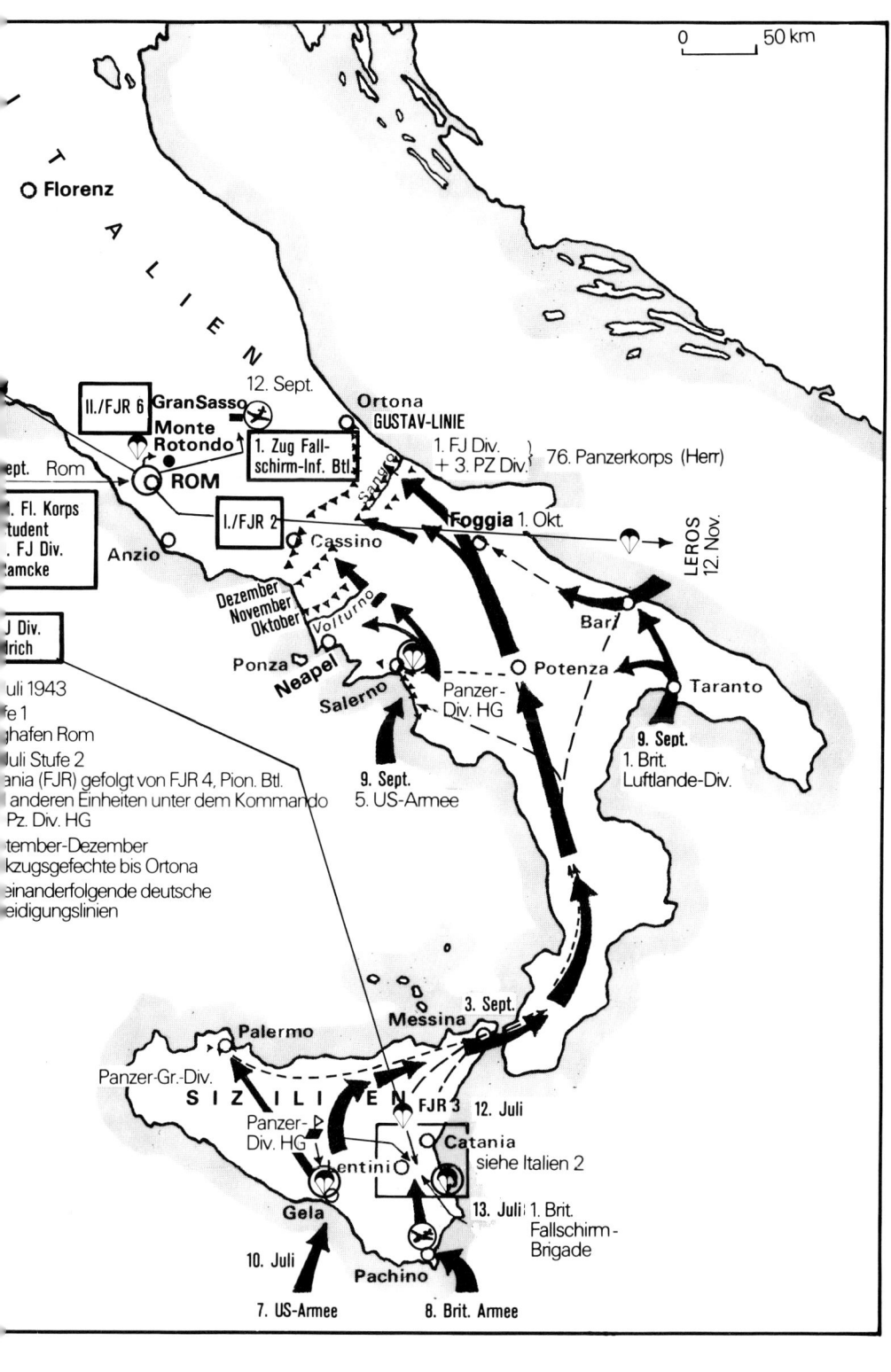

O Florenz

I T A L I E N

0 _____ 50 km

12. Sept.

II./FJR 6 GranSasso
Monte Rotondo Ortona GUSTAV-LINIE

1. Zug Fall-schirm-Inf. Btl.

1. FJ Div. } 76. Panzerkorps (Herr)
+ 3. PZ Div.

ept. Rom

ROM

I./FJR 2 Cassino Foggia 1. Okt. LEROS 12. Nov.

. Fl. Korps
tudent
. FJ Div.
amcke

Anzio

Dezember
November
Oktober

Volturno

Bari

J Div.
Irich

Ponza Neapel
Salerno

Panzer-Div. HG Potenza

Taranto

uli 1943
fe 1
ghafen Rom

Juli Stufe 2
ania (FJR) gefolgt von FJR 4, Pion. Btl.
l anderen Einheiten unter dem Kommando
Pz. Div. HG

tember-Dezember
kzugsgefechte bis Ortona

einanderfolgende deutsche
eidigungslinien

9. Sept.
5. US-Armee

9. Sept.
1. Brit.
Luftlande-Div.

3. Sept.

Messina

Palermo

Panzer-Gr.-Div.

S I Z I L I E N FJR 3 12. Juli

Panzer-
Div. HG Catania
siehe Italien 2

Lentini

13. Juli 1. Brit.
Fallschirm-
Brigade

Gela

10. Juli

Pachino

7. US-Armee 8. Brit. Armee

Als Teil ihrer Eventualplanung für die Verteidigung Westeuropas gegen die alliierte Invasion richteten die Deutschen besondere Sammelpunkte für Fallschirm- und Seglertruppen auf Flugplätzen in Südfrankreich ein. Die Fallschirmbataillone sollten im Rücken der feindlichen Landeköpfe landen und den Nachschub abschneiden. Es bestand die Hoffnung, daß die Truppen nach der Landung Verbindung untereinander aufnehmen und so eine Barriere zwischen den Invasoren und deren Versorgungsquellen schaffen könnten.

Das Gebiet im Süden Frankreichs, in dem sich die besonders eingerichteten Flugplätze befanden, war das Rhonedelta. Das Hauptquartier des XI. Fliegerkorps wurde aus der Bretagne hierher verlegt. Die Verlegung der Luftlandetruppen in ihre Quartiere erhielt den Kodenamen »Blaupunkt«. Das XI. Fliegerkorps richtete sich in der Gegend von Avignon ein, wo die 7. Fliegerdivision, die im November 1942 in 1. Fallschirmjäger-Division umbenannt worden war, ebenfalls stationiert war. Die Flugplätze in St. Raphael und Hyères waren Mittelpunkt für die Verladung des Geräts, aber Istres sollte der Hauptstützpunkt für die Verlegung sein.

In Nîmes, in der Nähe Avignons, wurde die 2. Fallschirmjäger-Division unter Generalmajor Ramcke aufgestellt. Generalmajor Heidrich, der frühere Kommandeur des FJR 3, übernahm das Kommando über die 1. Fallschirmjägerdivision. Das Fallschirmjägerkorps, in dem zwei Divisionen und Korpstruppen zusammengefaßt waren, bestand aus etwa 30000 Soldaten. Seit Kreta waren die Luftlandetruppen nicht mehr unter einem einheitlichen Kommando gewesen. Das Hauptquartier des XI. Fliegerkorps lag ebenfalls in Nîmes. Die 1. Fallschirmjägerdivision gab ein Fallschirmjägerregiment (FJR 2) und ein Fallschirmartillerie-Bataillon an die 2. Division ab. Zwei neue Fallschirmjägerregimenter (FJR 6 und FJR 7) wurden für die 2. Division aufgestellt. Der Division direkt unterstellte Fallschirm-Panzerabwehr-, Pionier- und Nachschubeinheiten kamen hinzu, und bis Mitte 1943 wurden beide Divisionen intensiv ausgebildet.

Eine umfassende Neuausrüstung forderte eine ausreichende Versorgung mit neuen Waffen. Die 3,7-cm-Panzerabwehrkanone wurde durch die wirksamere 7,5-cm-Kanone ersetzt. Leichtgeschütze mit den Kalibern 7,5 cm und 10 cm wurden an die Fallschirmartillerie-Abteilungen ausgegeben. Das Korps erhielt in ausreichendem Maße den neuen Gotha-Segler 240, der durch eine Heckklappe beladen werden und leicht eine 7,5-cm-Panzerabwehrkanone und ihre Mannschaft befördern konnte.

Von neuem Kampfgeist durchdrungen, war das XI. Fliegerkorps bestrebt, Spitzenleistungen zu vollbringen. Ein neuer Tarnanzug wurde eingeführt. Die beiden Fallschirmjägerdivisionen, die sechs Regimenter und Ergänzungseinheiten umfaßten, hatten großes Vertrauen zu ihren neuen Waffen und waren bereit, jede Herausforderung anzunehmen. Die Zuversicht und Kampfmoral waren größer als selbst in den frühen Tagen vor Kreta.

Am 10. Juli 1943 wurde der Alarm ausgelöst. Britische, amerikanische und kanadische Soldaten waren in Sizilien gelandet. Die 1. Fallschirmjägerdivision wurde alarmiert, und innerhalb weniger Stunden befand sich das FJR 3 auf dem Weg nach Rom. Es landete dann schnell in Catania an der Ostküste Siziliens. General Eisenhowers alliierte Kräfte bestanden aus der 15. Armeegruppe unter General Alexander, die aus der 7. US-Armee (Patton) und der britischen 8. Armee (Montgomery) zusammengesetzt war. Zu der gesamten Streitmacht von 140 000 Mann gehörte die kanadische 1. Division. Dem Angriff von See her ging die Landung amerikanischer und britischer Luftlandetruppen in Gela und Syrakus voraus. Diese ersten alliierten Luftlandeeinsätze in großem Ausmaß waren wegen des stürmischen Wetters nur teilweise erfolgreich.

Zu den deutschen Streitkräften gehörte die 15. Panzerdivision mit etwa 60 Panzern und die Division Hermann Göring mit etwa 100 Panzern. Die Division Hermann Göring war vor kurzem aus Tunesien gerettet worden. Die Italiener hatten vier Divisionen und 100 leichte Panzer. Dem FJR 3 kamen bald das 1. Fallschirm-MG-Bataillon, eine Abteilung Artillerie, das Fallschirmpionier-Bataillon 1 und Teile des Fallschirm-Panzerabwehr-Bataillons 1 zu Hilfe. Schließlich stießen auch die Soldaten des FJR 4 zu den Fallschirmjägern. Am 22. Juli waren Streitkräfte des britischen Commonwealth in nördlicher Richtung an den Fuß des Berges Ätna vorgedrungen, während amerikanische Truppen den westlichen Teil der Insel überrannt hatten. Nur der Nordosten wurde gehalten, aber am 17. August wurde der Widerstand der Achsenmächte aufgegeben.

Die Ereignisse auf dem italienischen Festland überschlugen sich während der nächsten Monate. Die 1. Fallschirmjägerdivision sollte in Kämpfe bis zu dem bitteren Ende des folgenden Jahres verwickelt werden. Am 3. September überquerte Montgomerys 8. Armee mit massiver See- und Luftunterstützung die Straße von Messina und schritt schnell von Reggio aus in nordöstlicher Richtung vor, wobei sie nur auf leichte Gegenwehr stieß. Mussolini war schon zum Rücktritt gezwungen worden und wurde auf der Insel Ponza gefangengehalten. Marschall Badoglio war scheinbar der Premier Italiens, und König Victor Emanuel III. befehligte die italienischen Streitkräfte, aber General Eisenhower gab am 8. September bekannt, daß ein militärischer Waffenstillstand zwischen den Alliierten und der italienischen Regierung schon unterzeichnet sei. Am 9. September begann die 5. US-Armee unter General Mark Clark ihre Landung südlich von Neapel bei Salerno. Am 1. Oktober eroberte die 1. britische Luftlandedivision, die ebenfalls am 9. September bei Tarent gelandet war, den wichtigen Flugplatz bei Foggia.

Mehrere der besten italienischen Divisionen waren in Rom stationiert, um die Hauptstadt zu schützen. In dem Chaos, das jetzt nach der italienischen Kapitulation herrschte, nahm das XI. Fliegerkorps mit der 2. Fallschirmjägerdivision und später der 3. Panzergrenadier-Division aufgrund eines Eilbefehls von Hitler die italienische Hauptstadt am 9. September ein und hielt sie. Rom war natürlich ein wichtiger Knotenpunkt für die deutschen Divisionen, die im Süden kämpften. General Student unternahm eine Reihe von brillanten Einsätzen, um die Lage im Gebiet von Rom zu stabilisieren, und trug so in hohem Maße zu dem Vertrauen des deutschen Oberkommandos in die Fähigkeit des deutschen Heeres, in Italien allein auszuhalten, bei. Von diesen Einsätzen muß besonders der Angriff des II. Bataillons des FJR 6 (Major Gericke) gegen das Hauptquartier des italienischen Heeres bei Monte Rotondo erwähnt werden.

Am 12. September wurde Mussolini, der jetzt an einem neuen Ort gefangengehalten wurde, durch einen glänzenden Seglereinsatz aus seinem Versteck im Hotel Alberto-Rifugio auf dem Gran Sasso Plateau nordöstlich von Rom gerettet. Sein Aufenthaltsort wurde von SS-Obersturmbannführer Otto Skorzeny entdeckt, der seinen ersten Gedanken, Fallschirmjäger für diesen Einsatz zu verwenden, wegen der thermischen Windströmungen im Gebirge aufgab. Der Einsatz wurde von General Student zunächst genehmigt und dann von ihm von dem Flugplatz Pratica di Mare in der Nähe Roms aus gesteuert. Während am 8. September das Fallschirmjägerbataillon von Major Mors die untere Station der Seilbahn, die zu dem Gebirgshotel führte, eroberte, landeten gleichzeitig acht der zwölf DFS-230-Segler auf dem Platz vor dem Hotel. Es gelang der gemischten Truppe aus Fallschirmjägern und Waffen-SS, zu der auch der widerstrebende italienische General Soleti gehörte, den Duce schnell zu finden. Mussolini wurde dann in Begleitung Skorzenys im Fieseler Storch Students zum Flugplatz Pratica di Mare geflogen. Anschließend wurde der frühere italienische Führer in einer Heinkel 111 nach Wien geflogen.

Fünf Tage später erhielt das II. Bataillon des FJR 2 (Pietzonka) den Befehl, die Insel Elba zu besetzen, wo die Italiener die Bedingungen des Waffenstillstandes bestätigt hatten. Das Bataillon sprang wie geplant in der Nähe Portoferraios, des Haupthafens der Insel an der Nordküste, ab. Nach einem kurzen heftigen Kampf, zu dem auch ein Stuka-Angriff gehörte, legte die italienische Besatzung von 10 000 Mann die Waffen nieder.

Nach der italienischen Kapitulation wurden die Dodekanes-Inseln Kos, Leros und Samos von den Alliierten eingenommen, aber schnell vom deutschen Heer und von Kampfgruppen der Luftwaffe zurückerobert. Kos fiel bei einer Landung des Heeres von der See her. Nach einem vier Tage dauernden Gefecht fiel Leros während eines Luftlandeangriffes des I. Bataillons des FJR 2, der gleichzeitig mit einem Sturmangriff von See her stattfand. So waren den Alliierten wertvolle Absprungplätze für eine Offensive im Balkan genommen.

Gegen Ende des Jahres 1943 war die 2. Fallschirmjägerdivision im Gebiet von Rom stationiert; die 1. Fallschirmjägerdivision war teilweise im Kampf und teilweise in Ruhestellung an den Flüssen Garigliano und Sangro südlich und östlich von Rom. Begeistert von der Befreiung Mussolinis stimmte Hitler jetzt Görings Plan zu, das XI. Fliegerkorps zu einer Fallschirmjägerarmee unter dem Kommando von General Student auszubauen. Bei einer Besprechung des Luftwaffenführungsstabes im September 1943 in Karinhall gab Reichsmarschall Göring Pläne für die Aufstellung eines zweiten Fallschirmjägerkorps mit zwei Divisionen und Korpstruppen sowie Hilfseinheiten bekannt. Das Kommando über das neue Korps erhielt Generalmajor Meindl, der Kommandeur des Sturmregimentes auf Kreta und jetzige Kommandeur des XIII. Fliegerkorps, das für die Aufstellung der Luftwaffen-Felddivisionen verantwortlich war. Viele der alten Kameraden von Meindl, Veteranen von Eben Emael, dienten in der Aufklärungseinheit des XIII. Fliegerkorps, aber ausschließlich im Erdeinsatz. Das für die Aufstellung des II. Fallschirmjägerkorps vorgesehene Gebiet war der Distrikt Melun in der Nähe von Paris, wo es in Dreux eine neue Fallschirmspringerschule gab.

Die Einheiten erhielten junge Freiwillige nach deren Fallschirmausbildung in Dreux oder an den anderen Schulen in Salzwedel, Wittstock und Kraljevo. Unteroffiziere und andere Dienstgrade, in der Hauptsache aus dem Lehrba-

Ein Angehöriger des Lehrbataillones stellt sich dem Fotografen nach der erfolgreichen Aktion zur Befreiung Mussolinis. Im Hintergrund liegt eine DFS 230. Der Mann trägt das FG 42 und den Patronengurt.

taillon des I. Fallschirmjägerkorps, bildeten den Kern der Fallschirmjägerregimenter 8 und 9, zweier neuer Regimenter, die zusammen mit dem wieder aufgestellten FJR 5 (das in Tunesien verlorengegangen war) die Hauptstärke der 3. Fallschirmjägerdivision (Generalmajor Schimpf) bildeten. Die 5. Fallschirmjägerdivision (Generalmajor Wilke) bestand ebenfalls aus drei neuen Regimentern, FJR 13, 14 und 15. Zur Unterstützung der neuen Divisionen wurden Fallschirmartillerie-, Panzerabwehr-, Pionier- und Sanitätseinheiten aufgestellt. Nach Beendigung der Ausbildung wurde das II. Fallschirmjägerkorps in der Bretagne stationiert und der 7. Armee unterstellt.

In der Zwischenzeit war in Italien die 4. Fallschirmjägerdivision mit den früheren italienischen Fallschirmjägerdivisionen Nembo und Folgore gebildet worden. Drei Fallschirmjägerregimenter, FJR 10, 11 und 12, wurden mit einem Kader von erfahrenen Offizieren und Mannschaften, die von der 2. Fallschirmjägerdivision abgestellt worden waren, von Generalmajor Heinz Trettner in der Nähe von Perugia aufgestellt. Die 4. Fallschirmjägerdivision wurde, nachdem Ende Januar 1944 die Schlacht von Anzio plötzlich begann, buchstäblich in der Hitze des Gefechts aufgestellt.

1944 brachte den Fallschirmjägern keine Atempause. Der Winter 1943–1944 war ein Zeitraum harter Gefechte, die die Alliierten bis an die deutsche Gustav-Linie brachten. Die 5. amerikanische Armee mit drei britischen Divisionen und die 8. britische Armee mit indischen, kanadischen und neuseeländischen Divisionen erhielten zur Unterstützung das französische und polnische Korps. Mitte Oktober 1943 wurden diese gemischten Streitkräfte in Stellung gebracht, um das deutsche Heer aus den Stellungen an den Flüssen Garigliano und Sangro zu vertreiben. Hinter diesen natürlichen Schutzwällen waren Generalfeldmarschall Kesselrings Truppen südlich von Rom in der Gustav-Linie eingegraben, die sich 160 km westwärts über Italien erstreckte, vom Fluß Sangro südlich von Ortona an der Adria, bis zum Tyrrhenischen Meer, nahe der Mündung des Flusses Garigliano. Der natürliche Schutz, den die Gebirgsregion gab, wurde durch gut gebaute Verteidigungsstellungen ergänzt, die mit Hilfe der Organisation Todt errichtet worden waren. Die Bastion der Gustav-Linie erhob sich bis zu einer Höhe von 500 Metern entlang der Hauptstraße nach Rom durch das Lirital. Dieses turmartige geographische Gebilde, das durch ein Benediktinerkloster gekrönt ist, heißt Monte Cassino.

Am 13. Oktober überquerte die 5. Armee den Fluß Volturno und griff am 1. Dezember im Lirital an. Unterdessen trug die 8. Armee Mitte November ihre Offensive am Sangrofluß vor. Um den Vormarsch auf Rom zu unterstützen, wurde am 22. Januar 1944 nördlich der Gustav-Linie bei Anzio ein alliiertes Amphibien-Landeunternehmen gestartet. Die unmittelbare Aufgabe der gelandeten Truppen war es, die rückwärtigen Verbindungen der 14. deutschen Armee abzuschneiden. Es folgten wilde Kämpfe, sowohl am Brückenkopf bei Anzio, als auch entlang der Gustav-Linie, aber es dauerte beinahe fünf Monate, bis Rom eingenommen war. Bis zur Besetzung des geräumten Klosters Monte Cassino am 18. Mai durch das polnische Korps verzeichneten die Alliierten keinen bedeutenden Fortschritt. Fünf Tage später wurde der Angriff auf Anzio befohlen.

Am 29. Februar löste General Heidrichs 1. Fallschirmjägerdivision Ge-

114

neral Baades 90. Panzergrenadier-Division in Cassino ab. Während der nächsten zehn Wochen waren die Fallschirmjäger unaufhörlichen Bombardements mit schweren Bombern und durch Artillerie ausgesetzt. Seit Januar waren gegen diese Stellung zwei Großangriffe durch amerikanische, neuseeländische, indische und britische Truppen vorgetragen worden. Die Fallschirmjäger gruben sich ein, um den nächsten Sturmangriff auf die Stadt und die Höhen zu erwarten, ein menschlicher Riegel in der Verteidigungsstellung Gustav.

In Anzio sammelte Kesselring zehn deutsche Divisionen gegen die vier alliierten Divisionen, die an Land gekommen waren. Die 4. Fallschirmjägerdivision, die mit Teilen aufgelöster italienischer Fallschirmjägerdivisionen gebildet worden war, beteiligte sich an den energischen Bemühungen der 14. deutschen Armee, den Landekopf zu beseitigen. Das VI. US-Korps (Lucas) erweiterte ihn auf 29 km Breite und 14 km Tiefe, aber anstatt durch die Albaner Berge vorzudringen, war man zufrieden, den bestehenden Landekopf bis Ende Mai auszubauen.

Schon von den allerersten Tagen an stand die 4. Fallschirmjägerdivision bei den Gefechten in vorderster Front. Die Panzerdivision Hermann Göring wurde jetzt ebenfalls schwer geprüft. Eine Kampfgruppe von drei Fallschirmjägerkompanien band den Feind zuerst bei der Aprilia-Fabrik in der Nähe Carrocetas, an der Straße, die von Anzio aus nordwärts führt. Weitere Einheiten der 4. Division trafen an der Front ein, und am 16. Februar erhielten die Fallschirmjäger die Unterstützung der 64. Infanteriedivision, mit der sie das I. Fallschirmjägerkorps bildeten. Das Korps schnitt tief in den linken Flügel der alliierten Flanke ein und trieb schottische Hochlandtruppen aus ihren Stellungen bei Carroceta. Weitere Angriffe hatten weniger spektakulären Erfolg. Die Alliierten hielten die Stellung in ihrem Grabensystem südlich Roms, und die deutsche 14. Armee war nicht in der Lage, sie bis zum Meer zurückzuwerfen. Für die Alliierten wurde der Erfolg daran gemessen, wieviele deutsche Divisionen sie in dem Gebiet um Anzio binden konnten.

Am 15. März fielen mehr als 1000 Tonnen hochexplosiver Bomben und Splitterbomben auf die Stadt Cassino aus 500 schweren und mittleren Bombern der strategischen Luftwaffe der USA. Wo das 2. US-Korps (die 34. und die 36. Division), das 2. neuseeländische Korps, die 4. indische und die 78. britische Division vorher versagt hatten, versuchten die Alliierten nun, die Verteidigungsstellungen auszuradieren und nach Rom durchzubrechen.

Heilmanns FJR 3, das sich in und um die Stadt eingegraben hatte, hielt diesem Bombardement stand. 800 Kanonen, die den Infanterieangriff ankündigten, leisteten ihren Beitrag zu dem Inferno. Der Boden bebte, als seien tausend Schnellzüge zusammengestoßen. Gebäude stürzten ein, und Menschen wurden durch Bombensplitter zerrissen. Die 2. neuseeländische und 4. indische Division stürmten in die Stadt, kämpften im Nahkampf mit den Fallschirmjägern und versuchten sogar, Posten in denselben Häusern einzurichten.

Die Neuseeländer eroberten den Bahnhof, und die Gurkha-Truppen, die bis vor kurzem am Sangro-Fluß im Einsatz gewesen waren, versuchten, die Höhen zu stürmen. Die gewandten Soldaten aus Nepal waren im Gebirge zu Hause und stießen erfolgreich auf die Höhe vor. Nachdem sie einen Stützpunkt in den deutschen Stellungen erobert hatten, waren die Gurkhas ge-

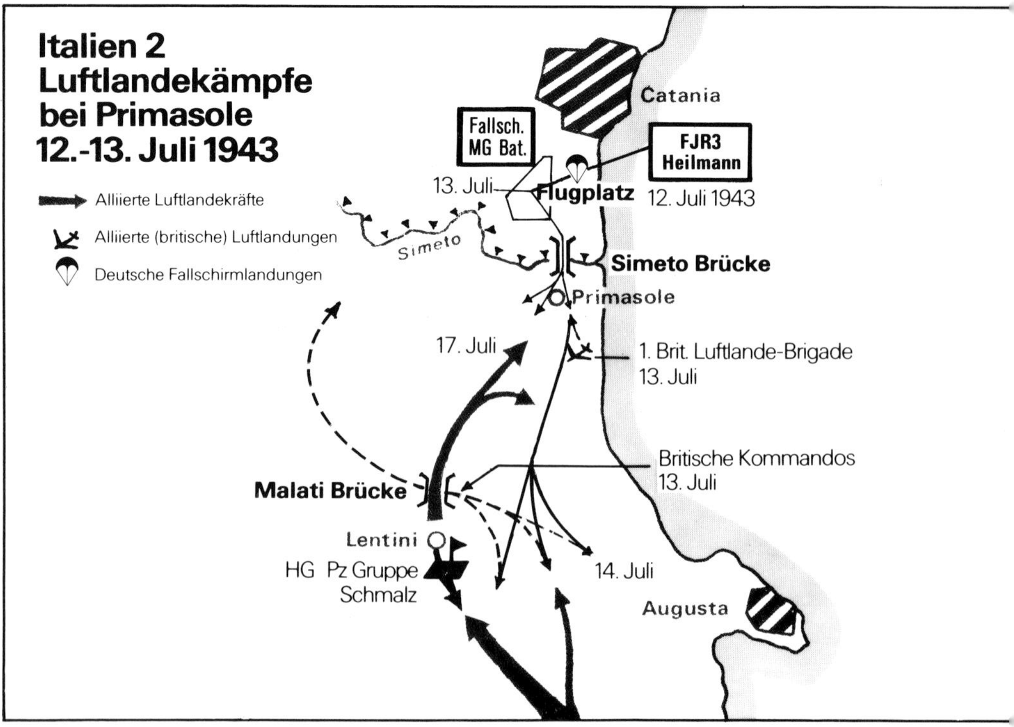

Italien 2
Luftlandekämpfe bei Primasole
12.-13. Juli 1943

➤ Alliierte Luftlandekräfte

✖ Alliierte (britische) Luftlandungen

☂ Deutsche Fallschirmlandungen

Catania

Fallsch. MG Bat.

FJR3 Heilmann

13. Juli — Flugplatz 12. Juli 1943

Simeto

Simeto Brücke

Primasole

17. Juli

1. Brit. Luftlande-Brigade 13. Juli

Britische Kommandos 13. Juli

Malati Brücke

Lentini
HG Pz Gruppe Schmalz

14. Juli

Augusta

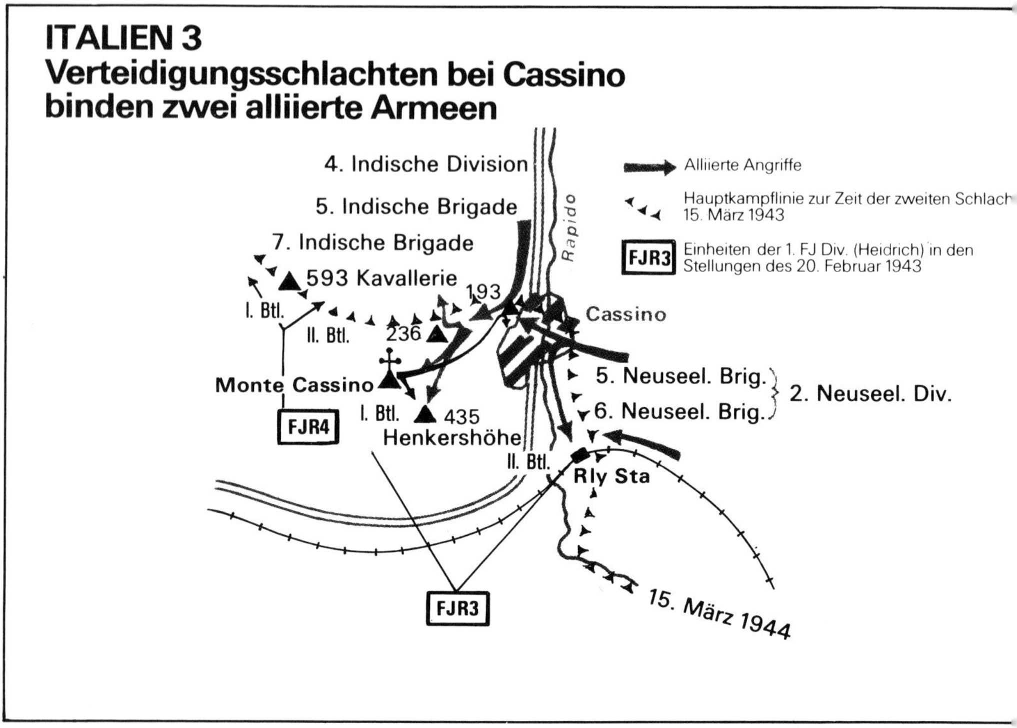

ITALIEN 3
Verteidigungsschlachten bei Cassino binden zwei alliierte Armeen

4. Indische Division

5. Indische Brigade

7. Indische Brigade

593 Kavallerie

I. Btl.

II. Btl. 236

193

Monte Cassino

I. Btl. 435
Henkershöhe

FJR4

II. Btl.

Rapido

FJR3

Cassino

➤ Alliierte Angriffe

◄◄ Hauptkampflinie zur Zeit der zweiten Schlach 15. März 1943

Einheiten der 1. FJ Div. (Heidrich) in den Stellungen des 20. Februar 1943

5. Neuseel. Brig.
6. Neuseel. Brig.
} 2. Neuseel. Div.

Rly Sta

FJR3

15. März 1944

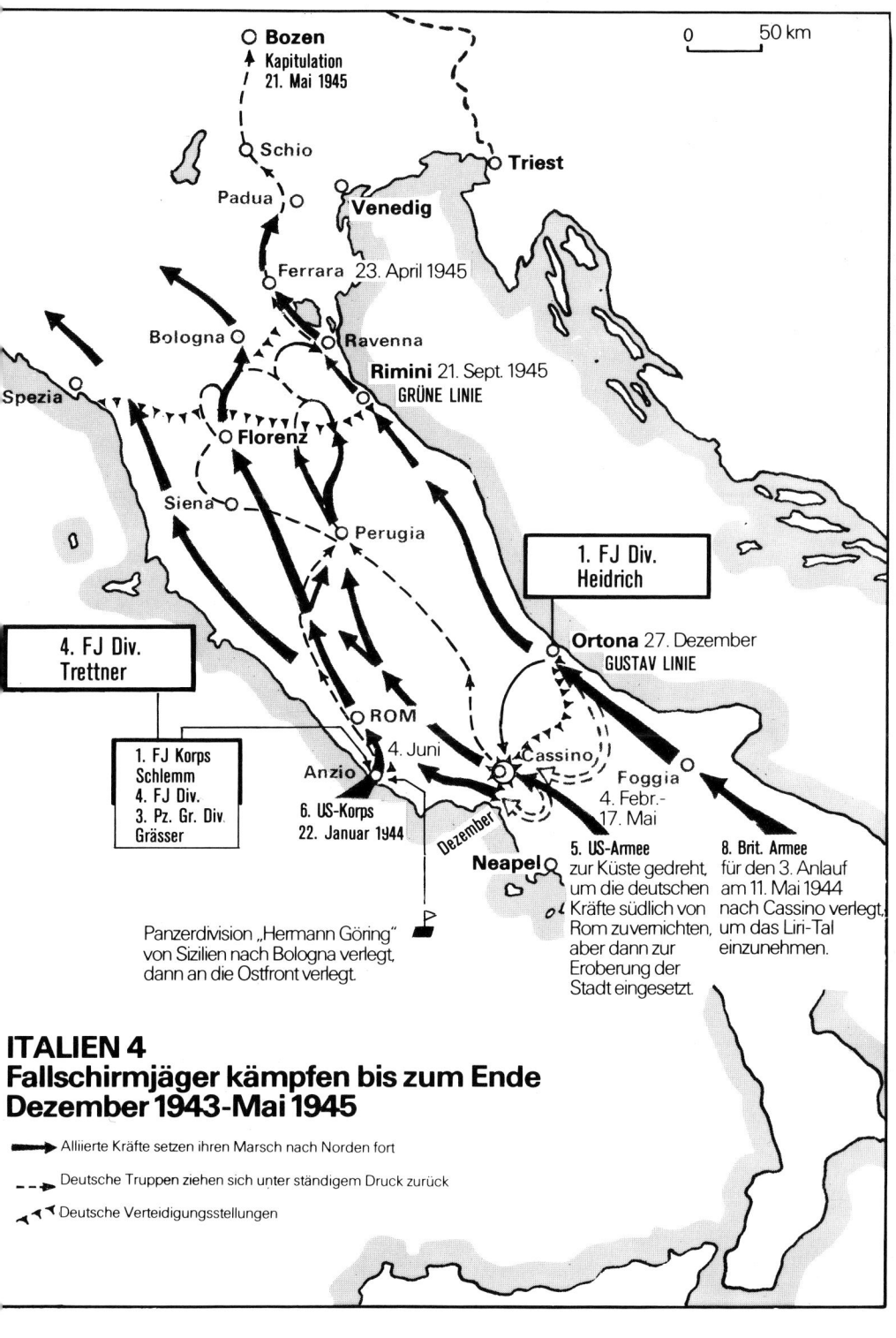

O **Bozen**
↑ Kapitulation
/ 21. Mai 1945

0 ___ 50 km

O Schio

Padua O ○ Triest

Venedig

Ferrara 23. April 1945

Bologna O O Ravenna

Rimini 21. Sept. 1945
GRÜNE LINIE

Spezia O

○ **Florenz**

Siena O

○ Perugia

1. FJ Div.
Heidrich

4. FJ Div.
Trettner

Ortona 27. Dezember
GUSTAV LINIE

○ ROM
4. Juni

1. FJ Korps
Schlemm
4. FJ Div.
3. Pz. Gr. Div.
Grässer

Anzio

Cassino

Foggia
4. Febr.-
17. Mai

6. US-Korps
22. Januar 1944

Dezember

Neapel O

5. US-Armee
zur Küste gedreht,
um die deutschen
Kräfte südlich von
Rom zu vernichten,
aber dann zur
Eroberung der
Stadt eingesetzt.

8. Brit. Armee
für den 3. Anlauf
am 11. Mai 1944
nach Cassino verlegt,
um das Liri-Tal
einzunehmen.

Panzerdivision „Hermann Göring"
von Sizilien nach Bologna verlegt,
dann an die Ostfront verlegt.

ITALIEN 4
Fallschirmjäger kämpfen bis zum Ende
Dezember 1943-Mai 1945

➤ Alliierte Kräfte setzen ihren Marsch nach Norden fort

- -➤ Deutsche Truppen ziehen sich unter ständigem Druck zurück

◄◄◄ Deutsche Verteidigungsstellungen

zwungen, sich unter vernichtendem Flankenfeuer aus der ungeschützten Bergstellung zurückzuziehen. Die Neuseeländer hielten den Bahnhof eine Zeitlang, aber der dritte große Angriff auf Cassino war fehlgeschlagen. Die Verluste auf beiden Seiten waren schwer. Von den 300 Mann des II. Bataillons/FJR 3 starben 200, hauptsächlich während des Bombardements. Bei den Gefechten um Cassino während der Monate Februar und März verloren die indischen und Gurkha-Truppen allein 3000 Mann. General Alexander, der alliierte Oberbefehlshaber in Italien, zollte diesem unerschütterlichen und entschlossenen Verteidigungsgeist mit den folgenden Worten Anerkennung: »Die Widerstandskraft der deutschen Fallschirmjäger ist außerordentlich bemerkenswert, denn man muß bedenken, daß sie dem Bombardement unserer vereinten verfügbaren Luftstreitkräfte und dem Beschuß von etwa 800 Kanonen sechs Stunden lang ausgesetzt waren – dem schwersten Bombardement, das jemals unternommen wurde. Ich bezweifele, ob es eine andere Einheit in der Welt gibt, die das aushalten und mit derselben Verbissenheit wie diese Leute weiterkämpfen würde.«

Der vierte und letzte Angriff auf die Stellungen um Cassino wurde am 11. Mai von dem polnischen Korps mit Unterstützung des 2. britischen Korps an seiner linken Seite ausgeführt. Das britische Korps lag bereit, um entlang der Straße Nr. 6 im Lirital vorzugehen und die Straße nach Rom zu öffnen. Weiter links sollte die 5. Armee (zu der das französische Korps gehörte) auf Rom vorgehen, wobei die Straße Nr. 7 als Hauptachse diente. Die Offensive wurde von 1000 Kanonen der 8. Armee und 600 Kanonen der 5. Armee sowie mehr als 3000 Flugzeugen unterstützt. Die Hauptangriffspunkte lagen nördlich und südlich von Cassino.

Die 1. Fallschirmjägerdivision bezog nach einer vorübergehenden Ruhepause wieder ihre Stellungen. (Die 2. Fallschirmjägerdivision stand zu dieser Zeit in der Ukraine, wo sie den Rückzug der Armeegruppe A unterstützte.) FJR 4 hielt die Stadt und das Kloster, FJR 3 die umliegenden Gebiete des Monte Caira und Collo San Angelo, wo Gebirgsjäger des Gebirgsjägerregiments 100 unter dem Kommando der Luftlandetruppen standen. Das Gebirgsjägerregiment 100 war ein Teil von Ringels Gebirgsjägerdivision, die neben der 7. Fliegerdivision auf Kreta gekämpft hatte. FJR 1 lag hinter beiden Regimentern in Reserve.

Die heftigsten Gefechte entwickelten sich um Collo San Angelo, wo General Anders, der Kommandeur des polnischen Korps, seine 5. polnische Division kühn einsetzte, um die Höhen zu erobern. Alle Versuche, die hoch gelegenen Stellungen zu nehmen, wurden vom II. Bataillon/FJR 3 zurückgeschlagen, aber die Stellung der Fallschirmjäger beim Kloster war auf das äußerste bedroht, als eine Fallschirm-Schützenabteilung auf der Höhe 593 von Soldaten der 3. polnischen (karpatischen) Division überwältigt wurde. Vier Gegenangriffe der Reservekompanien, die die Lage für die Deutschen wieder ändern sollten, schlugen fehl, aber ein fünfter Vorstoß, der von Oberfeldwebel Schmidt von der 14. Kompanie geführt wurde, brachte die Höhe wieder in

Geschützt vor dem Feuer der alliierten Luftstreitkräfte liegen diese Männer des Fallschirmjägerregiments 3 in einem Unterstand in den Ruinen von Monte Cassino.

deutsche Hand, und die Fallschirmjäger hielten weiteren polnischen Angriffen stand. Die 1. Fallschirmjägerdivision erhielt den Befehl, sich in der Nacht des 17. Mai aus Cassino zurückzuziehen.

Mittlerweile war es dem französischen Korps, einer gemischten Truppe von algerischen und marokkanischen Kolonialsoldaten, gelungen, bei Itri, südwestlich von Cassino, in die Flanke der Gustav-Linie zu gelangen. Die gesamte alliierte Front westlich von Cassino drang dann vor, und die Ereignisse überschlugen sich. Während sich das XIV. Panzerkorps vor den französischen Nordafrikanern im südwestlichen Sektor zurückzog, besprach Generalfeldmarschall Kesselring, der Oberbefehlshaber Süd, mit General von Vietinghoff, dem Kommandeur der 10. Armee, Pläne, die deutsche Linie weiter hinten einzurichten. Die »Linie« war jedoch schon überschritten worden, bevor ihre Pläne fertig waren.

Im Vorgefühl des Sieges befahl der alliierte Kommandeur den Ausbruch aus dem Landekopf bei Anzio-Nettuno. Unterstützt von frischen Truppen, vor allem der 36. US-Division, war die Offensive bei Anzio am 23. Mai ein voller Erfolg. Bei Velletri, wo vorher das FJR 12 der 34. US-Division den Zugang zu dem Albaner-Gebirge verweigert hatte, stellte das 6. Korps einen breiten Einbruch zwischen den beiden bedrängten deutschen Korps her. Das I. Fallschirmjägerkorps wurde bei Velletri umgangen, während das XIV. Panzerkorps den Rückzug der 10. deutschen Armee deckte. Zwei deutsche Armeen an der italienischen Front standen vor einer Katastrophe, aber Kesselrings Kräfte wurden nicht vollständig aufgerieben, als die Hauptstellungen bei Anzio und Cassino zusammenbrachen.

Am 4. Juni, fast elf Monate nach der alliierten Landung in Sizilien, marschierten amerikanische Truppen von General Mark Clarks 5. Armee in Rom ein. Die 1. und 4. Fallschirmjägerdivision sollten mit dem I. Fallschirmjägerkorps bis zur deutschen Kapitulation im Mai 1945 in Italien bleiben. Bei Florenz, Rimini und Bologna, ferner in der Poebene, kämpften die Fallschirmjäger heftig gegen den alliierten Vormarsch.

Am 6. Juni, zwei Tage nachdem die Alliierten in Rom einmarschiert waren, starteten sie das Unternehmen »Overlord« gegen die deutschen Armeen in Nordfrankreich. Nach den Fallschirmjägerlandungen der 82. und 101. US-Division auf der Halbinsel Cotentin und der Landung der 6. britischen Luftlandedivision zwischen den Flüssen Ornes und Dives landete die dem 7. Korps unterstellte 4. US-Division an den Stränden »Omaha« und »Utah« südöstlich von Cherbourg.

Britische und kanadische Truppen der 2. britischen Armee unternahmen am 6. Juni ebenfalls erfolgreiche Landungen weiter östlich auf den Stränden »Gold«, »Juno« und »Sword« in der Nähe von Bayeux. Am Abend des Invasionstages hatten die Alliierten offensichtlich auf dem Kontinent festen Fuß gefaßt. Die Aufgaben, die beiden amerikanischen Landeköpfe zu verbinden und Bradleys 1. Armee mit Dempseys 2. Armee, die vor Bayeux und Caen lagen, zusammenzulegen, erhielten Vorrang.

Auf der deutschen Seite befehligte Generalfeldmarschall von Rundstedt zwei Armeegruppen in Frankreich. Generalfeldmarschall Rommels Armeegruppe B hielt die Bretagne, die Normandie und den Pas-de-Calais. Haussers 7. Armee stand jetzt der von General Eisenhowers Invasionsarmee besetzten

Stellung gegenüber. Bis zum 1. Juli waren beinahe 1 000 000 alliierte Soldaten in Frankreich. Die Front war 30 km tief vorgedrungen und erstreckte sich etwa 120 km von der Halbinsel bei Cherbourg bis zu der Küste östlich des Strandes »Sword«. Die erste Phase der Invasion war beendet.

Generalleutnant Eugen Meindls II. Fallschirmjägerkorps mit der 3. und 5. Fallschirmjägerdivision wurde aus der Bretagne verlegt und bei St. Lô gegenüber Bradleys amerikanischem Sektor gesammelt. Während sie ständig von Jagdbombern belästigt wurden, lieferten sich die Fallschirmjäger zuerst Scharmützel mit der 2. US-Infanteriedivision, während sie Stellungen bei St. Lô, einem wichtigen Straßen- und Eisenbahn-Knotenpunkt 30 km landeinwärts vom Strand »Omaha«, bezogen. Aber Rommels Chance, die Invasion durch einen entschlossenen Gegenangriff zu zerschlagen, bevor sich die Alliierten fest eingerichtet hatten, war vertan.

Die Briten wurden vor Caen scheinbar hingehalten, jedoch Bradleys 1. Armee verstärkte den Druck im Gebiet südlich von Cherbourg. Bei dem Versuch, am 11. Juli aus ihrem Landekopf auszubrechen, stießen vier amerikanische Korps auf den starken Widerstand von Haussers 7. Armee. FJR 9 und FJR 13 wurden besonders hart getroffen, und FJR 13 verlor seinen Kommandeur, Major von Schulenburg. Das von der 2. Fallschirmjägerdivision abgestellte FJR 6 leistete wertvolle Dienste bei der Unterstützung der 17. SS-Panzergrenadierdivision Götz von Berlichingen. Die Fallschirmjäger bauten ihre Stellungen bei St. Lô weiter aus, aber die Stadt fiel dem amerikanischen 19. Korps am 18. Juli in die Hände.

Am 25. Juli erreichte man mit dem Unternehmen »Cobra« einen Durchbruch westlich von St. Lô, wo dem Vormarsch ein Bombenangriff großen Ausmaßes vorausging. Das II. Fallschirmjägerkorps schien die Stellungen westlich von St. Lô zunächst halten zu können, aber die Amerikaner warfen zwei weitere Divisionen in die Schlacht, um die 1. Armee zu unterstützen, und ein breiter Einbruch wurde geöffnet. Die Fallschirmjäger erlitten schwere Verluste; Major Stephani, der das FJR 9 befehligt hatte, fiel.

Die Amerikaner nahmen Avranches und die Halbinsel Cotentin ein. Der Durchbruch öffnete nicht nur den Weg in die Bretagne, sondern ermöglichte es der 1. Armee auch, nach links zu schwenken, um auf die Seine und Paris vorzugehen. Die linke Flanke der Deutschen war zusammengebrochen. Die amerikanischen Truppen wurden jetzt bedeutend verstärkt, als die 1. Armee (befehligt von Hodges) die Unterstützung von Pattons 3. Armee erhielt, die am 1. August zum Einsatz kam. Als Teile der 3. Armee westwärts von Avranches drehten und in die Bretagne einmarschierten, wurde die mißliche Lage der deutschen Armee in der Normandie bedenklich.

Wenn Montgomery mit seinen Truppen von Caen aus südwärts nach Falaise vorstieß, konnten die deutsche 7. und 5. Panzerarmee eingekreist werden. Dementsprechend stieß Crerars 1. kanadische Armee am 8. August südwärts vor, gewann aber zunächst wenig Boden. Das von Westen vormarschierende 15. amerikanische Korps nahm Alençon und hatte bald Argentan in Sicht. Der einzige Fluchtweg für die deutschen Truppen lag in der 15 km breiten Lücke bei Argentan-Falaise.

Das II. Fallschirmjägerkorps und die 7. Armee waren buchstäblich in die Falle gegangen. In dem Kessel, in dem sich das XVII. Panzerkorps und die

Reste weiterer 13 Divisionen befanden, versuchten diese, zusammen mit den Fallschirmjägern, in einem entschlossenen Unternehmen auszubrechen. General Meindl und sein Stab, Divisions- und Korpstruppen wurden ebenso wie einzelne Kampfgruppen gesammelt, um den Durchbruch zu erreichen. Die alliierten Kampfspitzen trafen am 20. August bei Chambois und Trun aufeinander, und die Lücke war geschlossen. Die Fallschirmjäger, einschließlich General Meindl und General Schimpf (von der 3. Fallschirmjägerdivision), waren größtenteils entkommen. General Hausser selbst entkam mit Hilfe der Fallschirmjäger. Aber als der Kessel geschlossen wurde, waren 10000 deutsche Soldaten gefallen, 50000 wurden gefangengenommen, und die Reste der 7. und 5. Panzerarmee wurden bis hinter die Seine zurückgeworfen.

In der Bretagne verteidigte die aus der Ukraine zurückgerufene 2. Fallschirmjägerdivision hartnäckig den Atlantikhafen Brest gegen Middletons 8. amerikanisches Korps. Am 25. August wurde die Belagerung begonnen. Innerhalb des Hafens standen FJR 2 und FJR 7 inmitten der Schlacht, die drei Wochen lang wütete. Generalmajor Ramcke, der Divisionskommandeur, übernahm das Kommando über alle Truppen in dem Gebiet.

Durch die Zerstörung der Hafeneinrichtungen von Brest hatten die Amerikaner keinen Hafen mehr, in dem sie Truppen und Nachschub, die direkt über den Atlantik aus den Vereinigten Staaten kamen, anlanden konnten. Die Festung Brest wurde von ihren Verteidigern dann am 20. September geräumt. General Ramcke geriet in amerikanische Gefangenschaft.

Am 15. August unternahmen die Alliierten eine weitere Amphibienlandung, diesmal an der Südküste Frankreichs zwischen Cannes und Toulon. Der darauf folgende Vormarsch nach Norden übertraf alle Erwartungen, aber am Fuße der Vogesen angelangt, nahmen die Deutschen doch noch den Kampf auf. Nach der Eroberung von Paris überquerten die Hauptarmeen der Alliierten am 25. August die Seine und verfolgten die Deutschen weiter durch Nordfrankreich und Belgien hinauf bis an die deutsche Grenze. Bradley sandte Hodges' 1. Armee nordwärts, entlang der Flanke von Montgomerys 21. Armeegruppe. Während Pattons 3. Armee allein südlich der Ardennen vorstieß, besetzten die Kanadier die Kanalhäfen. Brüssel wurde am 3. September von den Briten eingenommen.

An der Ostfront, wo so viele Fallschirmjäger ihr Leben verloren hatten, war Leningrad entsetzt und die Krim bis zum 22. Juni 1944 befreit worden. Sowjetische Truppen hatten die rumänische Grenze überschritten. Die deutschen Verluste waren unnötig hoch. In der zweiten Hälfte 1944 trugen die Russen mehrere große Angriffe gleichzeitig mit den alliierten Offensiven in Frankreich und Italien vor. Ein Angriff durch Minsk brachte sie in drei Wochen 300 km weit voran und vernichtete zwei deutsche Armeen. Ein Stoß im Norden befreite Estland, Litauen und den größten Teil Lettlands. Ein weiterer Vorstoß im Süden brachte die Russen bis vor die Tore von Budapest, wodurch Rumänien und Bulgarien aus dem Kriegsgeschehen ausschieden. Am 3. Oktober landeten britische Kommando- und Luftlandeeinheiten in Südgriechenland. Als das Jahr zu Ende ging, war es an der italienischen Front ruhig, lediglich am 28. Dezember trugen die Deutschen einen kräftigen Gegenangriff im Serchiotal vor.

Partisanengruppen, die sowohl als große Armeen als auch in kleinen Gruppen von Saboteuren auftraten, waren eine ernsthafte Bedrohung für die zurückgehenden deutschen Armeen, besonders in Jugoslawien und Frankreich. Es wurden zwei deutsche Luftlandeeinsätze geplant, um sich dieser Bedrohung zu entledigen, und nur durch Zufall schlug der erste fehl. Das Unternehmen »Rösselsprung« wurde im Frühjahr 1944 mit der Absicht eingeleitet, Marschall Tito in seinem Gebirgsversteck im Bezirk Drvar in Bosnien zu fangen. Das neu aufgestellte SS-Fallschirmjägerbataillon 500 erhielt diese Aufgabe. Diese Einheit, die zum Teil aus Soldaten eines SS-Strafbataillons bestand, wurde von SS-Hauptsturmführer Rybka kommandiert.

Titos Hauptquartier lag in einem buchstäblich unzugänglichen Gelände. Am 25. Mai wurden Segler- und Fallschirmtruppen des Bataillons 500 im Bezirk Drvar gelandet, wobei sie von Gebirgstruppen und anderen Wehrmachts- und SS-Einheiten unterstützt wurden. Titos Hauptquartier, das in einer Höhle lag, wurde zwar entdeckt, aber der Einsatz der für die Gefangennahme Titos abgestellten Seglertruppen mußte beendet werden, da der Segler bei der Landung zerstört wurde. Der jugoslawische Partisanenführer floh mit seinem Stab in die Wälder und gelangte schließlich auf dem italienischen Festland in Sicherheit.

Das SS-Bataillon 500 erlitt schwere Verluste, als eine Verstärkungseinheit, die innerhalb von 24 Stunden eintreffen sollte, durch einen Partisanenangriff aufgehalten wurde. Die SS-Einheiten wurden eingekreist und verloren viele Soldaten. Die Überlebenden des Bataillons 500 wurden in das SS-Fallschirmjägerbataillon 600 eingegliedert. In Anerkennung ihrer Verdienste bei diesem Einsatz erhielten sie ihre SS-Abzeichen wieder und wurden so vollständig rehabilitiert.

Bei dem zweiten und erfolgreicheren Luftlandeeinsatz wurde eine ähnliche Taktik gegen Gruppen der französischen Resistance südlich von Grenoble im Bezirk Vercors in den französischen Alpen angewendet. Die von einer Luftlandeeinheit unterstützte 157. Infanteriedivision erhielt den Auftrag, die Maquis aus ihren alpinen Schlupfwinkeln zu vertreiben. Im Juli setzten zwanzig von Ju 52 gezogene Segler die Hälfte der Truppe bei Vassieux ab, während der Rest bei nahegelegenen Dörfern landete, von denen man annahm, daß in ihnen Widerstandskämpfer versteckt waren. Absetzgebiete, in denen Waffen und Gerät an die Maquis verteilt worden waren, wurden eingenommen. Die Unternehmen der Partisanen konnten dadurch ziemlich durcheinandergebracht werden.

Diese Beispiele deutscher Erfolge bei der Behinderung der Aktivitäten von Widerstandsgruppen veranschaulichen den Wert der Überraschung, der für Luftlandeeinsätze so wichtig ist. Beide Unternehmen zeigen auch die Wirksamkeit von Luftlandeeinsätzen gegen Aufständische, ähnlich wie bei dem britischen Unternehmen im Jahre 1932, als Truppen im Lufttransport in den Einsatz gegen die kämpferischen Stämme im Irak geflogen wurden.

Im März 1944 wurde aus dem XI. Fliegerkorps die 1. Fallschirmjägerarmee gebildet. Das Kommando erhielt zunächst General Student, später General Schlemm. Die neue Fallschirmjägerarmee wurde im September in Holland einsatzbereit. Vier neue Fallschirmjägerdivisionen wurden aus Luftwaffen- und Heeressoldaten gebildet. Es waren die 6., 7. und 8. Fallschirmjägerdivision und die neugebildete 2. Fallschirmjägerdivision. Die 3. und die 5. Fallschirmjägerdivision wurden ebenfalls aus Überlebenden der Katastrophe in der Normandie neu gebildet. Zwei Fallschirmjäger-Sturmartillerie-Bataillone wurden aufgestellt und die Panzerdivision Hermann Göring erhielt zur Unterstützung eine neue Panzergrenadierdivision Hermann Göring. Diese Divisionen wurden als Panzerkorps Hermann Göring der Fallschirmjägerarmee unterstellt. Drei weitere Fallschirmjägerdivisionen, die 9., die 10. und die 11. wurden gegen Ende des Krieges aufgestellt, unterstanden aber – ebenso wie das Panzerkorps Hermann Göring – nicht direkt der Fallschirmjägerarmee.

Als Spähtrupps der 1. US-Armee am 11. September die deutsche Grenze überquerten und die Truppen der Invasion in Südfrankreich sich mit denen des Unternehmens »Overlord« vereinigten, schien ein baldiges Ende des Krieges nicht nur möglich, sondern wahrscheinlich. General Eisenhower wies die Ansichten von Montgomery und Patton über die Möglichkeiten des Vormarsches nach Deutschland zurück und billigte einen Plan, drei alliierte Luftlandedivisionen einzusetzen, um der 2. britischen Armee über drei große Hindernisse in Holland hinwegzuhelfen: die Maas, den Waal und den Niederrhein. In der Zwischenzeit sollte die 6. Armeegruppe, die andere Nachschubverbindungen hatte, durch die Vogesen auf den Oberrhein vorstoßen.

Der große Luftlandeeinsatz, genannt Unternehmen »Market«, begann am 17. September. Breretons 1. alliierte Luftlandearmee, drei Divisionen – die 1. britische, die 82. und 101. US-Division – landeten in der Nähe von Arnheim, Nimwegen und Eindhoven im größten Luftlandeeinsatz des Krieges. Hitler hatte schon General Students 1. Fallschirmjägerarmee in das Gebiet südlich von Arnheim verlegen lassen, wo die Fallschirmjäger entlang der Höllenstraße (Eindhoven – Grave – Nimwegen) in Stellung lagen. Die 1. Fallschirmjägerarmee wurde durch sich absetzende Truppen und mehrere Divisionen der 15. Armee verstärkt. Die alliierten Luftlandetruppen sollten einen schmalen, 100 km tiefen Korridor erobern, um es so Dempseys 2. Armee zu ermöglichen, in einem gleichzeitigen Bodenangriff (Unternehmen »Garden«) durch den Korridor vorzustoßen und die Zuidersee zu erreichen.

In Arnheim im Norden wurden die britischen Luftlandetruppen von der 9. und 10. SS-Panzerdivision in einen kleinen Brückenkopf nördlich des Niederrheins zusammengedrängt. Die Ankunft der unabhängigen polnischen Fallschirmbrigade südlich des Flusses wurde durch schlechtes Wetter verzögert. Für die Deutschen war die Lage die Umkehrung der Situation von Kreta. Beim Unternehmen »Merkur« hatte die 7. Luftwaffendivision das Glück gehabt, einem sofortigen Gegenangriff entgangen zu sein. Generalfeldmarschall Model, dessen Hauptquartier in der Nähe Arnheims lag, machte nicht den gleichen Fehler und nahm auch Teile der beiden nahegelegenen Panzerdivisionen mit in den Kampf. Am 25.–26. September zogen sich die 2 000 Überlebenden einer ursprünglichen Truppe von etwa 11 000 Mann auf das südliche Ufer des Flusses zurück. Die Lektionen von Kreta waren von den Deutschen gut gelernt worden.

Obwohl die Luftlandeeinsätze bei Nimwegen und Eindhoven ein Erfolg gewesen waren, wurde der Verfolgungskampf vorübergehend zum Halten gebracht, und die alliierten Armeen gerieten in Bedrängnis. Am Sonntag, dem 17. September, lag Students Hauptquartier in der Nähe des Wilhelmina-Kanals bei Vught, etwa 15 km westlich der Höllenstraße, und er wurde Zeuge

124

Holland 1944: Drei Männer der deutschen Luftlandetruppen zur Zeit der Endphase des Krieges. Funkgeräte, Waffen und persönliche Sachen werden auf Schubkarren transportiert.

der Absprünge amerikanischer Fallschirmjäger aus Gavins 82. und Taylors 101. Luftlandedivision. (Student sollte jedoch nicht lange in diesem Haus bleiben. Ein Offizier der belgischen Staffel der SAS-Brigade beschrieb das Haus in einer Meldung an das SAS-Hauptquartier in Moor Park in Hertfordshire, und innerhalb von drei Stunden wurde das Haus durch die Royal Air Force zerstört. Der Offizier, dessen Name Kirschen war, war mit seinem Spähtrupp fünf Tage vorher mit dem Fallschirm in das Gebiet abgesprungen.)

Generaloberst Student ging nun zur Armeegruppe H in Ostholland. Die 1. Fallschirmjägerarmee (Schlemm) – die 2., 6., 7. und 8. Division – sowie die neu aufgestellte 25. Armee lieferten den alliierten Truppen bei ihrem Vormarsch heftige Kämpfe. Die volle Kampfkraft der 1. kanadischen Armee (Crerar) und des 30. britischen Korps (Horrocks) wurde von der 7. (Erdmann) und der 8. (Wadehn) Fallschirmjägerdivision, die von Panzer- und Panzergrenadierregimentern unterstützt wurden, aufgefangen. Die Deutschen kämpften zäh bis zum 8. November, und die 1. kanadische Armee hatte in dieser Zeit 13 000 Tote und Verwundete zu beklagen.

Die 1. und 9. amerikanische Armee brauchten den Rest des Novembers und einen Teil des Dezembers 1944, um ihre Truppen entlang dem Fluß Roer aufzubauen. Am 16. Dezember schlugen die Deutschen mit der lange geplanten Gegenoffensive zurück. Es war Hitlers ehrgeiziger Plan, mit drei Armeen durch die Ardennen vorzustoßen, die Maas zu überqueren und Antwerpen zurückzuerobern, wobei vier alliierte Armeen im Norden abgeschnitten werden sollten. Vor Tagesanbruch am 16. Dezember schlugen die 6. und die 5. SS-Panzerarmee sowie die 7. Armee mit insgesamt 25 Divisionen entlang der

125

110 km breiten, mit sechs amerikanischen Divisionen dünn besetzten Ardennenfront los.

Schimpfs 3. Fallschirmjägerdivision ging im Sturm mit Sepp Dietrichs 6. SS-Panzerarmee auf Malmedy im nördlichen Bereich der Front vor. Eine Kampfgruppe unter Oberst von der Heydte unternahm den letzten deutschen Luftlandeeinsatz des Krieges zur Unterstützung der 6. SS-Panzerarmee. Ein Teil der Luftlandeeinheiten kam aufgrund von Navigationsfehlern und Mangel an Erfahrung beim Absetzen von Fallschirmjägern kilometerweit vom Ziel entfernt nieder. Die vorstoßende Armee erreichte nie die Reste der Kampfgruppe, und nach sechs Tagen ergaben sich die Fallschirmjäger den Amerikanern.

In der Mitte der Ardennenfront kämpfte Manteuffels 5. Panzerarmee hart gegen Middletons 8. Korps und ging zügig auf Bastogne vor. Am südlichen Ende der Front wurde Brandenbergers 7. Armee durch Heilmanns 5. Fallschirmjägerdivision verstärkt. Überall brachen die Deutschen durch, erlitten aber schwere Verluste. Der bemerkenswerteste Erfolg ergab sich südlich von St. Vith, wo sich das Panzerkorps am zweiten Tage auf den Fluß Maas und die belgische Stadt Bastogne zu bewegte. An der Spitze des Durchbruches über Malmedy hinaus stand Peipers 1. SS-Panzerdivision, die von Skorzenys Panzerbrigade 150 unterstützt wurde. Skorzenys Gruppe bestand aus Englisch sprechenden deutschen Freiwilligen, die amerikanische Uniformen trugen. Sie trugen amerikanische Ausrüstung und fuhren in amerikanischen Fahrzeugen sowie in verkleideten Sherman-Panzern mit den taktischen Zeichen der 5. US-Panzerdivision. Am 18. Dezember eilig zur Verteidigung Bastognes herangezogen, hielt die 82. amerikanische Luftlandedivision allen Angriffen stand, bis sie am 3. Januar von der 4. amerikanischen Panzerdivision abgelöst wurde.

Eisenhower unterstellte alle Truppen nördlich der Ardennenschlacht dem Kommando von Feldmarschall Montgomery, während General Bradley das Kommando über die Truppen im Süden behielt. Die deutschen Panzerdivisionen waren noch weit von der Maas entfernt, als am 23. Dezember die alliierten Jagdbomber eingriffen, und bis zum 25. hatte Hodges' 1. Armee nördlich des Flusses Ambleve eine nicht nachgebende Frontlinie errichtet. Bemühungen, die 1. mit der 3. amerikanischen Armee im Süden in einer Zangenbewegung um die deutschen Panzerkolonnen herum zu vereinigen, waren erfolgreich. Die Spitzen beider Armeen trafen sich am 16. Januar bei Houffalize. Es gelang bei diesem Unternehmen jedoch nicht, eine größere Anzahl deutscher Soldaten zu fangen, weil sich diese zur deutschen Grenze zurückzogen.

Die Ardennenschlacht war die größte offene Feldschlacht an der Westfront im Zweiten Weltkrieg. Insgesamt 29 deutsche und 33 alliierte Divisionen (in der Hauptsache amerikanische) waren beteiligt. Die Panzer hatten vorübergehend einen Einbruch in die amerikanische Front geschaffen, der 110 km breit und an seinem westlichsten Punkt 80 km tief war. Der Verlust kostbarer Reserven kam die deutsche Armee teuer zu stehen, nachdem die Alliierten ihre Offensive mit voller Kraft wieder aufnahmen.

Als die 1. und 3. Armee gegen Ende Dezember die letzten deutschen Kräfte in den Ardennen aufrieben, begannen ernsthafte Vorbereitungen für den Vorstoß zum Rhein. Am 8. Februar griff die 1. kanadische Armee von Stellungen in der Nähe Nimwegens südostwärts an und gelangte auf das Westufer des Rheines. Simpsons 9. Armee überquerte am 12. Februar die Roer und erreichte den Rhein in der Nähe Düsseldorfs, bevor sie sich nordwärts wandte, um mit den Kanadiern Verbindung aufzunehmen. Dempseys 2. britische Armee stieß zwischen den beiden Armeen ostwärts vor. Fallschirmjägerdivisionen standen entschlossen zur Verteidigung längs des Weges der 2. Armee, und ihre Gegner – einschließlich Feldmarschall Montgomery – zollten ihnen höchste Anerkennung. Harte Gefechte gab es bei Venlo, im Reichswald und weiter südlich auf deutschem Gebiet bei Geldern, Rees und Emmerich. Die 1. Fallschirmjägerarmee band dann britische Truppen, als diese erstmals den Rhein bei Wesel überquerten.

Gemischte Kampfgruppen von Generaloberst Students Armeegruppe H verlangten den britischen und kanadischen Soldaten einen hohen Blutzoll ab. Die Zerstörung alliierter Panzerkräfte durch eine kleine Kampfgruppe von Fallschirmjägern der 12. Fallschirmjäger-Sturmartillerie-Brigade bei Kappeln ist hier besonders erwähnenswert. Nicht weniger als 100 gepanzerte Fahrzeuge wurden zerstört, schwer beschädigt oder in anderer Weise kampfunfähig gemacht.

Nach dem Fehlschlag in den Ardennen zogen sich die 3. und 5. Fallschirmjägerdivision zur Unterstützung ihrer Muttereinheiten nach Deutschland zurück. Bis zum 21. März besetzten die Alliierten das Westufer des Rheines, mit Ausnahme des südlichen Abschnitts zwischen Mannheim und Karlsruhe. Während des Vormarsches eroberte die 1. US-Armee einen Brückenkopf über den Rhein bei Remagen, und die 3. Armee besetzte einen Brückenkopf bei Oppenheim. Das Hauptziel der Alliierten nach der Überquerung des Rheines war es, das Ruhrgebiet einzukreisen. Nach einer Änderung der Pläne, die Bradleys Armeegruppe die Hauptverantwortung für den Angriff übertrug, trafen sich die 9. und 1. Armee am 1. April bei Lippstadt, um die Einkreisung zum Abschluß zu bringen.

Generalfeldmarschall Models Armeegruppe B, obwohl unvorbereitet für die Verteidigung des Ruhrgebietes, bezog Stellung, um bis zum letzten Mann zu kämpfen. Am 14. April schnitten die Amerikaner den Ruhrkessel in zwei Teile, und Model hatte keine andere Alternative, als sich zu ergeben. Über 325 000 Mann wurden gefangengenommen, unter denen sich auch Soldaten der 3. Fallschirmjägerdivision befanden. Die 5. Fallschirmjägerdivision erlitt ein ähnliches Schicksal im Gebiet von Nürnberg. Nach der Einnahme des Ruhrgebietes am 18. April ging der allgemeine Vormarsch in Richtung Elbe weiter, während die 3. US-Armee in Richtung Wien und die 6. Armeegruppe in Richtung West-Österreich und Brennerpass vordrangen.

Im Osten hatten die Russen Mitte Februar die Oder erreicht, wurden dort aber mehrere Wochen lang aufgehalten. Mitte April, nachdem sie sich neu formiert hatten, durchstießen die Russen die deutschen Verteidigungslinien und gingen auf Berlin vor. Im Süden bewegten sich die Offensivkräfte im Donautal westwärts, nahmen Budapest und Wien ein und vertrieben – mit Hilfe von Titos Partisanen – die Deutschen aus dem größten Teil des Balkans. Das von General Schmalz geführte Fallschirm-Panzerkorps Hermann Göring wurde in Ostpreußen überwältigt. Die ehrgeizigen Pläne, ein Luftlande-Panzerkorps zu bilden, waren nicht zur Reife gelangt.

In Italien gingen die 1. und 4. Fallschirmjägerdivision in Gefangenschaft. Die 10. Fallschirmjägerdivision nahm an den Kämpfen in Norditalien teil, wurde dann in die Tschechoslowakei verlegt, wo sie sich im Gebiet von Prag den Russen ergab. Die 9. Fallschirmjägerdivision (Bräuer) kam ebenfalls, nachdem sie sich kurz an der Verteidigung Berlins beteiligt hatte, in russische Gefangenschaft. General Student wurde im April zum Kommandeur der Armeegruppe Weichsel ernannt.

Die 1. und 9. US-Armee hatten die Elbe am 19. April erreicht, aber entsprechend alliierten Vereinbarungen gingen sie nicht weiter vor. Bis zum 24. April hatten Teile der russischen Armee einen Ring um Berlin geschlossen. Am nächsten Tag nahm die sowjetische 5. Gardearmee Verbindung auf mit der 1. US-Armee bei Torgau an der Elbe, südlich von Berlin, und Deutschland wurde in zwei Teile geteilt. Die deutsche Wehrmacht kapitulierte am 7. Mai 1945 bedingungslos.

Die »neuen« Fallschirmjägerdivisionen in Nordwesteuropa führten ihre militärischen Aufträge mit großer Geschicklichkeit und charakteristischer Hingabe aus, ebenso wie die früheren Luftlandesoldaten in Eben Emael, Holland und Kreta. Da ihnen die Spezialwaffen und die Fallschirmausbildung der »alten« Divisionen fehlten, verdienten sich die »neuen« Fallschirmjäger die Bewunderung von Freund und Feind gleichermaßen durch ihre tapfere Verteidigung des Reiches in den letzten katastrophalen Tagen des Krieges.

Die Leistungen der deutschen Luftlandetruppen sind im großen Maße ihrem Kommandeur, Generaloberst Kurt Student, zu verdanken, der diese Waffengattung schuf, formte und kampfkräftig machte. Die frühen Einsätze gegen Belgien, Holland und Kreta bereiteten den Weg für das Konzept des Einsatzes aus der Luft und für die Techniken des Luftlandekrieges. Die Tapferkeit der Fallschirmjäger bei den defensiven Einsätzen in Italien, Frankreich, Rußland und im Rheinland gibt diesen Soldaten mit Sicherheit einen Ehrenplatz in der Reihe der deutschen militärischen Tradition.

Geschichte der Einheiten

7. Fliegerdivision
22. Luftlandedivision
1., 2., 3., 4., 5., 6., 7., 8., 9., 10., 11. Fallschirmjägerdivision
XI. Fliegerkorps
I. und II. Fallschirmkorps
Fallschirmpanzerkorps Hermann Göring (HG)
1. Fallschirmarmee
Fallschirm-Sturmgeschütz-Brigade 11 und 12
SS-Fallschirmjäger-Bataillon 500/600

7. Fliegerdivision

Regimenter: FJR 1 (3 Bataillone), FJR 2 (3 Bataillone),
  FJR 3 (3 Bataillone)
Kommandeure: Generalmajor Student; später Generalmajor Putzier;
  Generalmajor Süßmann; Generalleutnant Petersen
  Dies war die ursprüngliche deutsche Luftlandedivision, die im Juli 1938
aufgestellt worden war und zu Beginn des Krieges noch unvollständig aus nur
zwei Fallschirmjägerregimentern bestand: FJR 1 (Oberst Bräuer) und FJR 2
(Oberst Sturm).
  1940: Nur einzelne Kompanien wurden bei den deutschen Invasionen in
Dänemark und Norwegen im April eingesetzt. In Belgien wurden im Mai die
Festung Eben Emael und nahegelegene Brücken über den Albert-Kanal in
wagemutigen Einsätzen von Fallschirmjägern und Seglertruppen genommen.
Diese Sturmtruppe wurde innerhalb des von General Student befehligten
Luftlandekorps eingesetzt. Gleichzeitig wurden in Holland beide Fallschirm-
jägerregimenter FJR 1 und FJR 2 (mit nur zwei Bataillonen) zusammen mit
der 22. Luftlandedivision in erfolgreichen Überraschungsangriffen zur Ein-
nahme von Brücken, Flugplätzen und anderen für die schnelle Eroberung des
Landes wichtigen Zielen eingesetzt.
  Im weiteren Verlauf des Jahres wurde ein drittes Regiment, FJR 3, unter
Oberst Heidrich aufgestellt, ebenso neue Divisions-Pionier-, Flugabwehr-,
MG- und Kradeinheiten.
  1941: FJR 2 (Oberst Sturm) wurde im April bei einem erfolgreichen Angriff auf die Brücke über den Kanal von Korinth in Griechenland eingesetzt.
Die erste erfolgreiche Verwendung von Luftlandetruppen bei einem strategischen Einsatz – der Invasion Kretas – folgte im Mai. Die gesamte Division, die
zusammen mit der 5. Gebirgsdivision unter dem XI. Fliegerkorps kämpfte,
erlitt sehr schwere Verluste gegen unerwartet starke britische, Common-
wealth-, griechische und kretische Verteidiger. Die überlebenden Einheiten
wurden an der Ostfront bei Leningrad, Rschew und Mius eingesetzt.

1942: In kleinen Einheiten als Infanterie eingesetzt, nahm die Division am Winter- und Sommerfeldzug im Bereich der Heeresgruppen Nord und Mitte in Rußland teil; im Spätherbst in 1. Fallschirmjägerdivision umbenannt und im März 1943 aus Rußland nach Südfrankreich abgezogen.

Zu den Divisionseinheiten gehörten Artillerie-, Sanitäts-, Nachrichten-, Nachschub- und Panzerabwehrverbände.

22. Luftlandedivision

Regimenter: IR 16 (3 Bataillone), IR 47 (3 Bataillone),
           IR 65 (3 Bataillone)
Kommandeure: Generalmajor Graf von Sponeck; später Generalmajor Wolff;
           Generalmajor Müller; Generalmajor Kreipe; Generalmajor
           Friebe

1934-35: Als normale Infanteriedivision der ersten Welle im Wehrkreis X (Bremen-Hamburg) aufgestellt. Infanterieregiment 16 wurde ebenso wie die meisten Infanterieregimenter im Jahre 1942 in Grenadierregiment (GR) umbenannt. IR 16 wurde versuchsweise für Luftlandeeinsätze ausgerüstet, behielt aber ebenso seine normale Infanterie-Ausrüstung.

1939: IR 16 wurde im September im Polenfeldzug im Bereich Bzura eingesetzt, während der Rest der Division am Westwall stationiert war. Die gesamte Division wurde im Oktober nach Deutschland zurückgezogen, um als Luftlandedivision umgerüstet und ausgebildet zu werden.

1940: Unter dem Kommando von General Students Luftlandekorps wurde die Division (Graf von Sponeck) in Nordholland in Luftlandeeinsätzen gegen Den Haag, Rotterdam, Moerdijk und Dordrecht eingesetzt, wobei sie von Teilen der 7. Fliegerdivision unterstützt wurde.

1941-44: Im Frühjahr 1941 zum Schutz der Ölfelder bei Ploesti nach Rumänien verlegt und dann bei der Heeresgruppe Mitte der Ostfront beim Vormarsch der 11. Armee aus der Bukovina über den Pruth, Dnjestr und Bug eingesetzt. Erzwang eine Überquerung über den Dnjepr bei Berislav und wurde dann auf der Halbinsel Krim eingesetzt, wo sie schwere Verluste bei der Eroberung Sewastopols erlitt. Nach Griechenland (Saloniki und Athen) zur Neuausrüstung als motorisierte Luftlandedivision zurückgezogen, aber nie in dieser Rolle eingesetzt.

Eine Kampfgruppe (Oberst Bühse), die aus einer Kompanie des motorisierten Aufklärungsregimentes und dem GR 47 bestand, wurde im Jahre 1943 nach Tunesien gebracht. Der Rest der Division wurde unter General Kreipe nach Kreta verlegt. Nachdem Kreipe von britischen Kommandos entführt worden war, übernahm General Friebe das Kommando. Die Division blieb auf Kreta, bis die Insel im August 1944 evakuiert wurde.

1945: Unter dem Kommando des XXI. Gebirgskorps nahm sie teil an Einsätzen gegen jugoslawische Partisanen in Montenegro. Ergab sich dort im April 1945.

Zu den *Divisionseinheiten* gehörten: Artillerieregiment 22 mit drei leichten und einer schweren Batterie, Aufklärungseinheit 22, Nachrichteneinheit 22, Pioniereinheit 22 und Panzerabwehreinheit 22.

1. Fallschirmjägerdivision

Regimenter: FJR 1 (3 Bataillone), FJR 3 (3 Bataillone),
FJR 4 (3 Bataillone), Divisionseinheiten
Kommandeure: Generalmajor Heidrich; später (1945) Generalmajor Schulz
1943: Im Frühjahr in Südfrankreich aufgestellt, hauptsächlich aus der 7. Fliegerdivision. Im Juli nach Sizilien verlegt und eingesetzt, um die alliierten Kräfte auf der Hochebene von Catania zu binden. Verteidigte die Brücke bei Primasole gegen einen wilden Angriff englischer Fallschirmjäger. Auf das italienische Festland evakuiert und dort bei dem Rückzug in nördlicher Richtung eingesetzt; in den nächsten zwanzig Monaten von alliierten Armeen verfolgt.
1944: Schwere Einsätze von März bis Mai bei Cassino, große Leistungen bei der Verteidigung von Monte Cassino und dem Lirital, die Schlüsselstellungen in der Gustav-Linie südlich von Rom waren. Nach dem Fall Roms im Juni an die adriatische Front verlegt, erlitt dort schwere Verluste auf dem Rückzug nach Bologna, das von der Division tapfer verteidigt wurde.
1945: Kapitulation in Norditalien.

2. Fallschirmjägerdivision

Regimenter: FJR 2 (3 Bataillone), FJR 6 (3 Bataillone),
FJR 7 (3 Bataillone), Divisionseinheiten
Kommandeure: Generalmajor Ramcke; Generalmajor Kroh; später (1944)
Generalmajor Lackner
1943: Während des Frühjahrs in der Bretagne aus dem FJR 2 (das von der früheren 7. Fliegerdivision abgestellt wurde) und dem IV. Bataillon des früheren Sturmregimentes und neu aufgestellten Freiwilligen-Einheiten gebildet. Im Sommer in das Gebiet von Rom verlegt, wo die Aufstellung abgeschlossen wurde. Nach der italienischen Kapitulation im September im Einsatz gegen Truppen der Regierung Badoglio und das italienische Kommando Supremo bei Monte Rotondo (II. Bataillon/FJR 6). Übernahm die Kontrolle von Rom und stellte später eine Truppe für die Eroberung von Léros. An die Ostfront (bei Zhitomir) verlegt, ließ einen Kader für die Bildung der neuen 4. Fallschirmjägerdivision in Italien zurück. Der größte Teil des FJR 6 im Osten verloren; später umgegliedert.
1944: In Deutschland neu ausgerüstet (in Wahn) und dann in die Bretagne verlegt, wo FJR 2 und FJR 7 im Juli nach langer Verteidigung des Hafens von Brest kapitulierten. Das neu gebildete FJR 6, das der 91. Division in der Normandie unterstellt war, im Juni gegen alliierte Invasionstruppen eingesetzt. Die wiedergeschaffene 2. Division wurde in Deutschland und Holland unter General Lackner aufgestellt und dann im September im Gebiet von Arnheim und im Reichswald eingesetzt. Verteidigte die Rheinübergänge im März 1945 und ergab sich später im Ruhrkessel.

3. Fallschirmjägerdivision

Regimenter: FJR 5 (3 Bataillone), FJR 8 (3 Bataillone),
FJR 9 (3 Bataillone), Divisionseinheiten
Kommandeur: Generalmajor Schimpf

1943-44: Während des Herbstes 1943 im Gebiet von Reims in Frankreich aus einem Kern von erfahrenen Luftwaffensoldaten und dem III. Bataillon/ FJR 1 gebildet. Nach der Ausbildung in Nordfrankreich in die Bretagne verlegt, dann in die Normandie, wo die Division im Juni 1944 gegen die alliierten Invasionstruppen eingesetzt wurde. Erlitt schwere Verluste bei St. Lô. Im Juli im Kessel von Falaise geschlagen. Der Divisionskommandeur entkam, obwohl er verwundet war.

Während des Oktobers 1944 in Oldenzaal in Holland neu gebildet, in der Hauptsache aus Luftwaffen-Bodenpersonal der Fliegerregimenter 22, 51 und 53.

In das Gebiet der Eifel in Westdeutschland in Bereitschaft für die Ardennen-Gegenoffensive im Dezember verlegt. Spielte eine wichtige Rolle bei der Unterstützung der Panzerdivisionen bei deren fehlgeschlagenem Versuch, Antwerpen zu erreichen.

1945: In der Eifel eingesetzt. Zog sich über den Rhein zurück. Im Gebiet von Remagen, dann im Ruhrgebiet stationiert. Kapitulierte mit der deutschen Armeegruppe B im Ruhrkessel.

4. Fallschirmjägerdivision

Regimenter: FJR 10 (3 Bataillone), FJR 11 (3 Bataillone),
             FJR 12 (3 Bataillone), Divisionseinheiten
Kommandeur: Generalmajor Trettner

1943–45: In Perugia in Italien während des Spätherbstes 1943 aus von der 2. Fallschirmjägerdivision zur Verfügung gestellten Kadern und Angehörigen der italienischen Divisionen Folgore und Nembo gebildet. Im Januar 1944 Aufstellung im Gebiet von Anzio abgeschlossen, wo die Division unter dem Kommando des I. Fallschirmkorps alliierte Kräfte nach deren Landung band. Dann ohne Unterbrechung in Italien eingesetzt, erlitt in Verteidigungsschlachten nördlich von Florenz und später bei Rimini und Bologna schwere Verluste. Ergab sich US-Truppen in Norditalien im Gebiet von Bozen.

5. Fallschirmjägerdivision

Regimenter: FJR 13 (3 Bataillone), FJR 14 (3 Bataillone),
             FJR 15 (3 Bataillone), Divisionseinheiten
Kommandeure: Generalmajor Wilke; später (1944) Generalmajor Heilmann

1943–44: Im März 1943 im Gebiet von Reims in Frankreich aus dem Lehrbataillon des XI. Fliegerkorps und dem III. Bataillon/FJR 3 und III. Bataillon/FJR 4 gebildet. Zur Ausbildung in die Bretagne verlegt, dann in die Normandie, wo die Division während der alliierten Landungen im Juni 1944 eingesetzt war. Im Kessel von Falaise völlig vernichtet.

In Deutschland und Holland aus Luftwaffen-Bodenpersonal unter General Ludwig Heilmann wieder aufgestellt, jedoch nur noch ein Schatten der früheren Division. Die neue Division nahm an der Ardennen-Gegenoffensive im Dezember 1944 teil.

1945: Leistete hinhaltenden Widerstand und zog sich nach Deutschland zurück, kam im März 1945 in der Nähe des Nürburgringes oder im Ruhrgebiet in Gefangenschaft.

6. Fallschirmjägerdivision

Regimenter: FJR 16 (3 Bataillone), FJR 17 (3 Bataillone),
   FJR 18 (3 Bataillone), Divisionseinheiten
Kommandeur: Generalmajor Plocher
1944–45: Im Verlaufe des Juni 1944 im Gebiet von Amiens in Nordfrankreich gebildet. Die Division erlitt schwere Verluste bei Versuchen, die Alliierten nach ihrem Ausbruch aus der Normandie zurückzudrängen. Zu dieser Zeit wurde das FJR 16 und sein Stab nach Ostpreußen geflogen und in Fallschirm-Grenadierregiment 3 des Panzerkorps Hermann Göring umbenannt. Überlebende Kampfgruppen bildeten den Kern der 7. Fallschirmjägerdivision; der Rest gliederte sich in Holland neu und wurde im September 1944 im Gebiet von Arnheim und später bei den Kämpfen im Rheinland eingesetzt. Ergab sich im April 1945 in der Nähe von Zutphen amerikanischen Truppen.

7. Fallschirmjägerdivision

Regimenter: FJR 19 (3 Bataillone), FJR 20 (3 Bataillone),
   FJR 21 (3 Bataillone), Divisionseinheiten
Kommandeur: Generalmajor Erdmann
1944–45: Im Oktober 1944 bei Venlo in Südholland aus der Division Erdmann (während des Septembers im Gebiet von Bitsch im Elsaß aufgestellt) mit Soldaten von der Fallschirm-Waffenschule und Kampfgruppen der 6. Fallschirmjägerdivision gebildet. Dem Kommando des II. Fallschirmkorps (Meindl) unterstellt.
   Im Februar 1945 in den Verteidigungsschlachten im Reichswald gegen die britische 3. und 51. Infanteriedivision des 30. Korps eingesetzt. Zerstörte Panzer in großer Anzahl in einem bemerkenswerten Einsatz bei Kappeln. Im März nach heftigen Kämpfen an den alliierten Rheinübergängen nach Nordwestdeutschland zurückgezogen, ergab sich im Gebiet von Oldenburg im April 1945 britischen Truppen.

8. Fallschirmjägerdivision

Regimenter: FJR 22 (3 Bataillone), FJR 23 (geplant),
   FJR 24 (3 Bataillone), Divisionseinheiten
Kommandeur: Generalmajor Wadehn
1944–45: Im Dezember 1944 in Köln-Wahn aufgestellt. Wurde unter dem Kommando von Meindl (II. Fallschirmkorps) im Februar 1945 in den Verteidigungsschlachten im Reichswald eingesetzt. Die Division errang bemerkenswerte Erfolge bei Verzögerungseinsätzen gegen britische und kanadische Einheiten der 21. Armeegruppe. Zog sich nach Nordwestdeutschland zurück und ergab sich im Gebiet von Bremen im April 1945, nachdem sie den alliierten Vormarsch in diesem Gebiet schwer bekämpft hatte.

9. Fallschirmjägerdivision

Regimenter: FJR 25 (3 Bataillone), FJR 26 (2 Bataillone),
FJR 27 (unvollständig), Divisionseinheiten
Kommandeur: Generalmajor Bräuer
1944–45: Im Dezember 1944 aus gemischten Luftwaffeneinheiten gebildet.
Zum Teil im Februar 1945 bei der Verteidigung Berlins und (teilweise, d. h.
zwei Bataillone) bei der Verteidigung der belagerten Festung Breslau (unter
General Niehoff) eingesetzt. Ergab sich sowjetischen Kräften im Mai 1945.

10. Fallschirmjägerdivision

Regimenter: FJR 28 (3 Bataillone), FJR 29 (3 Bataillone),
FJR 30 (3 Bataillone), Divisionseinheiten
Kommandeur: Generalmajor von Hofmann
1945: Im März 1945 aus Abteilungen der 1. und 4. Fallschirmjägerdivision
im Gebiet von Krems-Melk in Österreich gebildet. FJR 30 von Sowjets in der
Steiermark bei St. Pölten im Donautal angegriffen. Nach Mähren in das Gebiet südöstlich von Prag verlegt, wo sich die Division im Mai 1945 zusammen
mit der 1. Panzerarmee und 29 anderen Divisionen den Russen ergab.

11. Fallschirmjägerdivision

Regimenter: FJR 37 (vorher Fallschirmjäger-Bataillon 61),
FJR 38 (vorher Fallschirmjäger-Bataillon 62),
FJR 39 (vorher Fallschirmjäger-Bataillon 63), Divisionseinh.
Kommandeur: Oberst Gericke
Aufstellung März 1945 im Raum Oldenburg. Kein geschlossener Einsatz
mehr; Kapitulation in Ostfriesland.

XI. Fliegerkorps

Kommandeur: Generalleutnant Kurt Student
1940: Aus dem Luftlandekorps (das das Kommando über die 7. Flieger-
und die 22. Luftlandedivision hatte) im Sommer 1940 gebildet, um die Ver-
größerung der Luftlandeeinheiten zu steuern.
1941: Unter dem Kommando der 4. Luftflotte (Löhr), befehligte die
7. Luftwaffen- und die 5. Gebirgsdivision bei dem Angriff auf Kreta, Unternehmen »Merkur«.
1942: Weiterhin verantwortlich für die Planung von Luftlandeeinsätzen,
ebenso für die Ausbildung und die Entwicklung von Waffen und Gerät.
Frühjahr 1943: Der OKW-Reserve zugeteilt und in Nîmes in Südfrankreich stationiert. Kommando über die 1. und 2. Fallschirmjägerdivision. Im
April nach Rom verlegt, Kommando über 2. Fallschirmjägerdivision und
29. Panzergrenadierdivision. Verantwortlich für die Besetzung Roms und die
Befreiung Mussolinis am 12. September 1943.
1944: Im März zur 1. Fallschirmarmee erhoben und in Nancy in Ostfrankreich stationiert.

Korpstruppen: Luftlande-Sturm-Regiment, Lehrbataillon, Panzerabwehr-MG-Bataillon, Aufklärungs-, Nachrichten-, Sanitäts- und Pioniereinheiten. Zu den anderen Einheiten, die dem XI. Fliegerkorps im Jahre 1943 unterstanden, gehörte das italienische Regiment Folgore mit deutschen Offizieren und Unteroffizieren.

I. Fallschirmkorps

Kommandeure: Generalleutnant Schlemm, später Generalleutnant Heidrich

1944: Im Januar in Mittelitalien gebildet, um die 4. Fallschirmjägerdivision und die 3. Panzergrenadierdivision (14. Armee) in der Kampfzone Anzio-Nettuno zu befehligen. Danach ununterbrochen in Italien eingesetzt. Die 1. und 4. Fallschirmjägerdivision waren dem Korps unterstellt.

1945: Unter dem Druck alliierter Armeen Rückzug nach Oberitalien, lieferte starke Verzögerungsgefechte nördlich von Florenz. Ergab sich den Alliierten im April 1945.

II. Fallschirmkorps

Kommandeur: Generalleutnant Meindl

1943: In Ostfrankreich durch die Umgliederung des Stabes des XIII. Fliegerkorps, früher Division Meindl, gebildet, nachdem die Aufgabe des Korps, Luftwaffen-Felddivisionen aufzustellen, erfüllt war. Stellte zwei neue Fallschirmjägerdivisionen auf: die 3. (Schimpf) und die 5. (Wilke).

1944: Stand im Frühsommer unter dem Kommando der 7. Armee in der Normandie und übernahm die Aufgabe, das 7. US-Korps (Collins) und das 19. US-Korps (Corlett) in ihren Strandstellungen (Omaha und Utah) festzuhalten. Später mit dem Panzerkorps und anderen Einheiten der 7. Armee im Kessel von Falaise eingekreist. Beide Fallschirmjägerdivisionen wurden vernichtet, der Korpskommandeur entging nur knapp der Gefangennahme.

1945: Nach Neubildung im vorausgegangenen Herbst in Holland unter dem Kommando der 1. Fallschirmarmee (Schlemm) Kommando über die 7. (Erdmann) und 8. (Wadehn) Fallschirmjägerdivision. Hervorragende Leistungen in den Schlachten im Reichswald gegen die 21. britische Armeegruppe und bei der Verteidigung der deutschen »Brückenköpfe« auf dem linken Rheinufer.

Fallschirm-Panzerkorps Hermann Göring

Kommandeur: Generalleutnant Schmalz

1944–45: Dieses Korps hatte das Kommando über die Panzerdivision (HG 1) und die Panzergrenadierdivision (HG 2) und trat in Ostpreußen im Oktober 1944 in Erscheinung. Während der kurzen Zeit seines Bestehens operierte das Korps in einer reinen Verteidigungsrolle, bis es durch die sowjetische Offensive im Januar 1945 vernichtet wurde. Keine der Divisionen war bei Luftlandeeinsätzen verwendet worden, was früher (im Jahre 1942) vorgesehen war, als Versuche hinsichtlich der Zusammenarbeit zwischen Panzer-

und Luftlande-Einheiten von der Brigade Hermann Göring unternommen worden waren.

Die Brigade Hermann Göring wurde 1943 in Tunesien eingesetzt und dort teilweise vernichtet. Die Brigade wurde im Juli in Sizilien als Panzergrenadierdivision unter General Conrath neu aufgestellt. Nach einer bald folgenden Umrüstung zur vollen Panzerdivision wurde sie im folgenden Jahr im Gebiet von Warschau gegen die Sowjets eingesetzt. Die Division (HG 1) bildete zusammen mit einer neu aufgestellten Panzergrenadierdivision (HG 2) das Fallschirm-Panzerkorps Hermann Göring.

1. Fallschirmarmee

Kommandeure: Generaloberst Student; später (November 1944) Generaloberst Schlemm; (März 1945) Generaloberst Blumentritt; (10. April 1945) Generaloberst Student; (28. April 1945) Generaloberst Straube

1944–45: Im März 1944 unter General Student durch Umbenennung des XI. Fliegerkorps in Ostfrankreich aufgestellt. Verantwortlich für die Aufstellung und Ausbildung neuer Fallschirmjägerdivisionen für Westeuropa und für Ersatz der Fallschirmtruppen in Italien und Rußland. Kampfbereit im Juni, wurde das zweite Korps in die Normandie verlegt, nahm aber nach dem alliierten Durchbruch zur Seine Verteidigungsstellungen in Belgien und Ostholland ein.

Der 1. Fallschirmarmee direkt unterstellt waren das II. Korps und zwei Infanterie- sowie ein ziemlich schwaches Panzerkorps, zu dem die wiederaufgestellte Panzer-Lehrdivision gehörte. Nachdem Feldmarschall Montgomerys Truppen Belgien überrannt hatten, bezog die 1. Fallschirmarmee Stellungen an der Maas und am Niederrhein unter dem Kommando der Heeresgruppe H. Durch das am 17. September beginnende Unternehmen »Market-Garden« in schwere Kämpfe verwickelt, erlitten Students Fallschirmjäger – in Verbindung mit der 25. Armee – schwere Verluste durch die 82. und 101. US-Luftlandedivision und durch das vorstoßende XXX. britische Panzerkorps bei Eindhoven und Nimwegen. Generaloberst Student wird zum Kommandeur der Heeresgruppe H ernannt.

Im November und Dezember 1944 und in den ersten Monaten des Jahres 1945 erreicht die 1. Fallschirmarmee unter General Schlemm unerwartete Verzögerungen der alliierten Offensive, die gegen den Rhein gerichtet war. Indem sie dem Druck von sechs britischen und kanadischen Armeekorps standhielt, deckte die Heeresgruppe H den Rückzug deutscher Heereseinheiten aus den westrheinischen Bezirken, in einem Gebiet, wo es nicht weniger als neun Straßen- und Eisenbahnbrücken gab. Dadurch hatten die Alliierten keinen Übergang über den Rhein, bis – weiter südlich – im März die Brücke bei Remagen heil in amerikanische Hände fiel. Das Ostufer des Rheines wurde gehalten, bis am 23.–24. März zwei alliierte Luftlandedivisionen jenseits des Flusses landeten und den Weg für den Vormarsch der alliierten Armeen zur Elbe freimachten.

Die 1. Fallschirmarmee (jetzt Blumentritt) zog sich planmäßig in Richtung Hamburg zurück und ergab sich im April 1945 im Gebiet von Oldenburg.

136

Fallschirm-Sturmgeschütz-Brigade 11

Frühjahr 1944: In Deutschland aus Fallschirmjäger-Freiwilligen gebildet. Nach Ausbildung und Ausrüstung in Frankreich in den Kämpfen um Nancy eingesetzt und praktisch dort vernichtet.

Ende 1944: Im November zur Unterstützung der 5. Fallschirmjägerdivision neu aufgestellt. Kampf gegen die 4. US-Panzerdivision in den Ardennen und dort wiederum vernichtet.

Mai 1945: Kapitulation vor den Russen.

Fallschirm-Sturmgeschütz-Brigade 12

Gleichzeitig mit der 11. Brigade aus Freiwilligen gebildet.

Frühjahr 1944: Nach Frankreich zur Ausrüstung verlegt.

Mitte 1944: Im Juni südlich von St. Lô zur Unterstützung der 3. Fallschirmjägerdivision gegen Invasionstruppen eingesetzt und mit dieser Division im Kessel von Falaise beinahe vollständig vernichtet.

Herbst 1944: Im September zur Unterstützung der 7. Fallschirmjägerdivision (Erdmann) wieder aufgestellt und im Frühjahr 1945 bei den Kämpfen im Reichswald unter der 1. Fallschirmarmee eingesetzt. Nach ununterbrochenen Kämpfen im Mai 1945 Kapitulation vor den Alliierten bei Wilhelmshaven. Die Brigade hatte 260 alliierte Panzer zerstört. (Siehe Biographie Leutnant Deutsch.)

SS-Fallschirmjägerbataillon 500/600

Kommandeur: SS-Hauptsturmführer Rybka

1943: Vom Kommando der Waffen-SS im Herbst für besondere Sicherungseinsätze aufgestellt. Offiziere anderer SS-Einheiten meldeten sich als Freiwillige. Die Hälfte der Mannschaften kam als Freiwillige zu dem ursprünglichen Bataillon 500, aber der Rest wurde aus militärischen Straflagern herangezogen. Die Fallschirm-Sprungausbildung fand in Kraljevo in Jugoslawien statt.

1944: Die Fallschirmspringerschule wurde nach Papa in Ungarn verlegt. Der erste Luftlandeeinsatz wurde am Pfingstsonntag gegen Marschall Titos Gebirgs-Hauptquartier bei Drvar in Bosnien unternommen. Tito und sein Stab entkamen, und das Bataillon wurde in einer drei Tage dauernden Schlacht mit Partisanen auf 200 Mann dezimiert. Das Bataillon wurde neu aufgestellt, erhielt nun aber nur 20 Prozent vorbestrafte Soldaten.

Im August in Kurland zur Verzögerungstaktik eingesetzt, als die Russen zur Ostsee durchbrachen. Am 14. Oktober wurde das Bataillon Skorzenys Kommando unterstellt. In die Nähe Wiens verlegt, war es für einen Luftlandeeinsatz gegen die Burg in Budapest vorgesehen, wurde hierfür aber nicht verwendet. Dieser Einsatz wurde in Erwartung des Sturzes von Admiral Horthy geplant.

Das in 600 umbenannte Bataillon wurde durch erstklassige, erfahrene Heeressoldaten, die in Niedersachsen und Westfalen stationiert waren, verstärkt. Die Strafsoldaten wurden begnadigt und erhielten ihre früheren Dienstgrade zurück.

In der Ardennenoffensive operierte das Bataillon unter dem Kommando von Skorzenys SS-Sonderbrigade und infiltrierte die alliierten Linie, wobei die Soldaten amerikanische Uniformen trugen. Dieser Einsatz war kein Erfolg, und die Deutschen, die in amerikanischen Uniformen gefangen wurden, wurden erschossen. Lediglich vorübergehend entstand ein Chaos in den amerikanischen Stellungen.

1945: Mitte Januar wurden die Reste des Bataillons bei Neu-Strelitz wieder gesammelt und in einem Brückenkopf bei Schwedt an der Oder eingesetzt. Der Brückenkopf wurde erst am 26. Februar evakuiert, und auch dann nur auf Befehl eines Höheren Kommandos. Am 9. März nahm das Bataillon einen Sturmangriff auf einen anderen kleinen Brückenkopf an der Oder bei Zehnden vor. Das Bataillon verstärkte hier ein Regiment Marineinfanterie, und es gelang den vereinten Kräften, den Brückenkopf auszudehnen, aber der Mangel an schweren Waffen verhinderte die Möglichkeit eines Durchbruchs in diesem Gebiet. Zwischen dem 25. und 27. März schickten die Russen eine Panzerbrigade, zwei Infanteriebrigaden und eine Kavalleriedivision mit Unterstützung durch 500 Kanonen gegen den kleinen Brückenkopf.

Das Bataillon 600 und die SS-Sturmabteilung 501 waren in den Oderschlachten dezimiert worden, wurden aber in Oderberg wieder verstärkt. Vom 20. April an kämpfte das Bataillon als »Feuerwehr« entlang der Oder: zuerst in Flankengefechten gegen russische Panzer bei Bernau, dann bei Eberswalde-Finowfurt, und schließlich zog sich das Bataillon in hinhaltenden Kämpfen in westlicher Richtung nach Prenzlau und Neuruppin zurück. Angesichts der Möglichkeit der Kapitulation vor den Russen bei Neuruppin, kämpften sich die 180 Überlebenden des Bataillons 600 nach Hagenow durch, wo sie sich den Amerikanern ergaben.

Biographien

Student, Kurt, Generaloberst

Ritterkreuz mit Eichenlaub
Goldenes Fliegerabzeichen mit Diamanten

Kurt Student wurde am 12. Mai 1890 in Birkholz bei Neumark in Brandenburg geboren. Wie es bei preußischen Gutsbesitzer-Familien üblich war, wurde der junge Student zusammen mit drei Brüdern zu einer kaiserlichen Kadettenanstalt geschickt. Somit war er mit elf Jahren der harten Disziplin einer preußischen vormilitärischen Ausbildung ausgesetzt. Nach Potsdam begann er seine weitere Ausbildung auf der Hauptkadettenanstalt in Lichterfelde.

Nach dem Abschluß ging er 1909 als Offiziersanwärter zu einem Jägerbataillon seiner eigenen Wahl, Graf York von Wartenburg. Im folgenden Jahr wurde er auf die Kriegsschule in Danzig geschickt und 1911 als Fähnrich von seinem Regiment übernommen und dem I. Bataillon in Ortelsburg zugeteilt.

Im Jahre 1913 meldete sich Leutnant Student freiwillig zu den Fliegern, in der Vorstellung, daß seine Bewerbung abgelehnt würde. Zu seiner großen Überraschung wurde er als Fluganwärter angenommen. Seine Ausbildung fand an der Geburtsstätte der deutschen Luftfahrt in Johannisthal bei Berlin statt, und im Herbst des folgenden Jahres erhielt er seinen Flugzeugführerschein.

Beim Ausbruch des Ersten Weltkrieges 1914 flog er in einem Albatros-Flugzeug an der Ostfront und wurde zum Oberleutnant befördert. Nach Tannenberg und Augustovo stieß Student zu einer kleinen, ausgewählten Gruppe von Piloten, die mit Maschinengewehren ausgerüstete neue Fokker-Flugzeuge erproben sollten. Bei seinem ersten Test-Feindflug bekämpfte er vier russische Flugzeuge und schoß eine Morane ab.

Im Herbst 1915 wurde das XVIII. Korps an die Westfront verlegt. Im folgenden Juli gründeten die Deutschen die Jagdwaffe. Die neuen Jagdstaffeln, bei der Truppe unter dem Namen »Jasta« bekannt, erhielten jeweils die modernste Ausrüstung. Jasta 9 war mit Fokker-Doppeldeckern ausgerüstet und wurde im Bereich Mitte in der Champagne unter ihrem jungen Staffelführer, Hauptmann Student, bereitgestellt. Jasta 9 wurde bis Kriegsende in der Champagne eingesetzt. Ende 1917 erhielt der Flugzeugführer, der jetzt schon zu den Veteranen gehörte, Genesungsurlaub, nachdem er bei einem Luftkampf mit einem französischen Jagdfliegeras an der linken Schulter schwer verwundet worden war. Bei Kriegsende war Kurt Student Hauptmann.

Nach Abschaffung der Kaiserlichen Armee wurde die Reichswehr, die an den Konferenztischen von Versailles geplant wurde, auf 100000 Mann beschränkt. Hans von Seeckt, ein fähiger General der alten Schule, der die kleine Berufsarmee befehligte, plante eine wirkungsvolle Streitkraft, die bei der ersten günstigen Gelegenheit schnell erweitert werden konnte.

Student wurde im Jahre 1920 Referent für Flugtechnik im Reichswehrministerium. Hier plante man die technologischen Aspekte der Ausrüstung einer nicht bestehenden Luftwaffe. Deutschlands Flieger frönten ihrer Flugleidenschaft zu dieser Zeit mit Segelfliegen; und Students Laufbahn im Reichswehrministerium wurde vorübergehend unterbrochen, nachdem er sich im Winter 1921 bei einem Unglück mit einem Segelflugzeug einen Schädelbruch zugezogen hatte. 1921 besuchte er als verantwortlicher technischer Leiter die deutsche Fliegerabteilung, die heimlich zusammen mit russischen Luftfahrern in Lipetsk bei Woronesch in der Sowjetunion übte.

Im Jahre 1928 ging Hauptmann Student zur Infanterie zurück: In Friedenszeiten werden Berufsoffiziere nur langsam befördert, und Planstellen sind heftig umstritten. Dementsprechend wurde der Luftwaffensoldat zu seinem alten Regiment, Infanterieregiment 2, nach Lötzen versetzt und im Jahre 1929 als Bataillons-Kommandeur zum Major befördert.

Major Student beendete seine Dienstzeit beim Infanterieregiment 2 im Winter 1933 und wurde wieder Kommandeur der technischen Schulen der Luftwaffe. Bei der Ernennung Hitlers zum Reichskanzler im Jahre 1933 wurden die Pläne für eine sofortige Erweiterung der deutschen Streitkräfte umgehend aufgegriffen. Das Heer und die Marine sollten zahlenmäßig verdoppelt werden; die neue Luftwaffe, geführt von dem Luftfahrtveteranen Hermann Göring, sollte einen Kern von 1000 Flugzeugen umfassen. Im November 1933 zum Oberstleutnant befördert, war Student jetzt vollkommen davon in Anspruch genommen, eine immer größere Zahl von technischen Lehrgängen für Luftfahrer zu organisieren.

Hitler wies die Bedingungen des Versailler Vertrages im Jahre 1935 offen zurück, aber man benötigte mehrere Jahre, bevor die Luftwaffe eine wirkungsvolle Luftstreitkraft war. Student, inzwischen zum Oberst befördert, befaßte sich mit allen Aspekten der Luftfahrttechnik, Ausrüstung, Bewaffnung und Fallschirmen. Mitte der dreißiger Jahre unternahm er ausgedehnte Reisen, um ausländische Manöver zu besuchen, Fabriken und Werkstätten zu besichtigen. Seine Ernennung zum Inspekteur der Flieger- und Fliegerwaffenschulen brachte ihn 1937 in enge Verbindung mit der ersten deutschen Fallschirmschule in Stendal.

Im Juni 1938 wurde bestätigt, daß er die in Kürze in Münster aufzustellende 7. Fliegerdivision als Generalmajor befehligen würde. Generalmajor Student hatte freie Hand erhalten, die neueste Waffengattung in der deutschen Truppe aufzubauen. Während er tatkräftig eine Strategie für die neuen Bataillone entwickelte, setzte er entschlossen den höchsten Standard der Ausbildung an der Fallschirmschule in Stendal durch. Mit der Ankunft ausgebildeter Fallschirmjäger zur Verstärkung des einzigen Fallschirmbataillons, das im Jahre 1938 bestand, stand der ehrgeizige Plan zur Bildung einer Fallschirmjägerdivision kurz vor seiner Verwirklichung.

Nach dem Einsatz der 7. Fliegerdivision in Mähren, der der Besetzung des Sudetenlandes folgte, genehmigte das OKW die Bildung zweier Luftlandedivisionen. Die 7. Fliegerdivision sollte die Fallschirmtruppe werden, und die 22. Infanteriedivision war als Luftlandetruppe vorgesehen. Generalmajor Student erhielt nun den Titel eines Inspekteurs der Luftlandetruppen, aber er behielt das Kommando über die 7. Fliegerdivision.

Während die Panzerkolonnen und Stukas im September 1939 die letzten Schlachten in Polen fochten, wurde der Einsatz der Luftwaffendivision bei Jaroslav am Fluß San vom Oberkommando des Heeres als nicht erforderlich angesehen. Student selbst entging nur knapp der Gefangennahme, als sein Stabswagen in eine polnische Verteidigungsstellung fuhr.

Verhältnismäßig unbedeutende Luftlandeeinsätze wurden im April 1940 von einem Fallschirmjägerbataillon in Aalborg und Vordingborg in Dänemark und in Stavanger und Dombas in Norwegen unternommen. Am 10. Mai landeten sieben Lastensegler innerhalb der Mauern der Festung Eben Emael in Belgien, während Fallschirmjäger nahegelegene wichtige Brücken über den Albert-Kanal und die Maas sicherten. Das Gros der Truppe erreichte Eben Emael in den frühen Morgenstunden des folgenden Tages.

Zur gleichen Zeit war das Luftlandekorps in den Gebieten von Den Haag und Rotterdam auf starke holländische Gegenwehr gestoßen. Student (jetzt Generalleutnant) befehligte persönlich die 7. Fliegerdivision und landete bei Rotterdam. Die Holländer kapitulierten am Nachmittag des 14. Mai. Die deutschen Verluste betrugen 180 Tote und Verwundete. Student selbst wurde durch eine Kugel, deren Herkunft nie geklärt wurde, in den Kopf getroffen.

Während die Luftlandebataillone mit dem Lob des Führers überschüttet wurden, unterzog sich ihr Kommandeur einer Reihe von schweren Operationen in einer Klinik in Berlin. Er verdankte sein Leben der Geschicklichkeit eines holländischen Chirurgen, der in dem heftig bombardierten Rotterdam die erste Operation gemacht hatte.

Als Generalleutnant Student im September 1940 seinen Dienst wieder antrat, hatte das Luftlandekorps nicht nur bei der Luftwaffe, sondern auch beim Heer den Ruf eines Elitekorps errungen. Da er wegen seiner Verwundung nicht springen oder mit dem Segler fliegen durfte, setzte Student sich sofort hin, um seine immensen Verwaltungsarbeiten zu erledigen, nachdem laufend neue Rekruten und Ausrüstungsgegenstände eintrafen. Das XI. Fliegerkorps war formell schon aufgestellt.

Student zog nun Einsatzpläne zur Eroberung von Gibraltar, den Kapverdischen Inseln, Malta und einiger griechischer Inseln in Betracht. Er zeigte kein besonderes Interesse für den Einsatz seiner Männer bei der beabsichtigten Invasion der Südküste Englands. Im Winter 1940 wurde die 7. Fliegerdivision in Vorbereitung für die Invasion Griechenlands nach Bulgarien verlegt. Die 22. Division wurde nach Rumänien geflogen.

Als Hitler die Invasion Jugoslawiens startete und gleichzeitig am 6. April 1941 in Griechenland einmarschierte, bestand kein fester Plan für den Einsatz des XI. Fliegerkorps in der Kampfzone des Mittelmeers. Student konzentrierte seine Aufmerksamkeit auf Zypern und Kreta. Die Einnahme Kretas versprach den größeren strategischen Vorteil für die Kriegsführung im Mittelmeer wie auch auf dem Balkan. Ende April akzeptierte Hitler die Pläne, den Isthmus von Korinth und die Insel Kreta zu erobern. Zur gleichen Zeit wurde bei der Brücke von Korinth eine kampfkräftige Truppe von Fallschirmjägern und Seglern gelandet. Damit sollte versucht werden, alliierten Kräften den hastigen Rückzug vom griechischen Festland abzuschneiden.

Student flog nach Athen, um sein Hauptquartier für das Unternehmen auf Kreta im Hotel Grande-Bretagne einzurichten. Sieben Flugplätze in Südgriechenland wurden für die Verladung des Luftlandekorps und seines Geräts zu dem etwa 350 km langen Flug nach Kreta ausgesucht. Anstatt nur an einer Stelle zu landen, zog Generalleutnant Student es vor, seine Absetzgebiete entlang dem nördlichen Küstenstreifen von Kreta zu verteilen. Meindls Sturmregiment sollte als Teil der ersten Welle Malemes im Westen einnehmen, während gleichzeitig Süßmanns »Gruppe Mitte« in Chania landete. Die zweite Welle war für Rethymnon und Iraklion bestimmt, wobei der linke Abschnitt von Süßmanns Gruppe nach Rethymnon und Bräuers Regiment nach Iraklion gebracht werden sollten. Mit einer dritten Welle sollten die drei Hauptkampfzonen verstärkt werden. Bräuer sollte das Gebiet um Iraklion halten, bis Ringels 5. Gebirgsdivision von See her landete. Die Gebirgsdivision sollte den Platz der 22. Division einnehmen, die in Rumänien festgehalten wurde.

Schätzungen über die Stärke von Freybergs alliierter Garnison waren unterschiedlich, und die Kampfmoral seiner Truppen wurde unterschätzt. Nach einem heftigen Bombardement schlugen die Fallschirmjäger am Morgen des 20. Mai zu. Obwohl auf den griechischen Flugplätzen Chaos herrschte, als die Ju 52 wiederholt eingesetzt wurden, waren am späten Nachmittag 8000 Mann auf Kreta gelandet. Aber am späten Abend mußte Student in Athen seine taktischen Pläne ändern, nachdem er von Malemes Funknachrichten erhalten hatte. Beinahe 2000 Soldaten im westlichen Bereich waren tot oder verwundet. Meindl war schwer verwundet, und Süßmann war tot. Ein großer Teil seiner Truppen war weit vom Ziel entfernt gelandet, und der wichtige Flugplatz bei Rethymnon war nicht eingenommen worden.

Generalleutnant Student entschloß sich, sich auf das Gebiet von Malemes zu konzentrieren und ostwärts an der Küste entlang vorzustoßen. Ringels Division erhielt nun den Auftrag, bei Malemes zu landen. Der Vormarsch erhielt neuen Antrieb, als entdeckt wurde, daß neuseeländische Truppen bei Malemes ihre Verteidigungsstellen geräumt hatten. In gleichem Maße wie die deutschen Ausfälle stiegen, wurden Verstärkungen geschickt, und die Einheiten, die an der Front aushielten, wurden mit Munition und Verpflegung weiter versorgt. Nach dem Fall Chanias flog Student nach Kreta und war von den schweren Verlusten sichtlich erschüttert. Die Bucht von Suda, Rethymnon und Iraklion fielen, und gegen Ende des Monats war die alliierte Evakuierung abgeschlossen. Etwa 6000 deutsche Soldaten waren gefallen, und beinahe 4000 davon waren Luftlandesoldaten.

Als Student zwei Monate später Hitlers Hauptquartier in der Wolfsschanze besuchte, tat er es mit gemischten Gefühlen. Die schweren Verluste auf Kreta hatten jedoch seinen Glauben an das Luftlandekonzept nicht erschüttert. Hitler, der Teilnehmern der Kämpfe das Ritterkreuz verlieh, erkannte die Verdienste des XI. Fliegerkorps in der Schlacht um Kreta an, meinte aber, daß die Insel Kreta sowohl strategisch als auch taktisch ein Einzelfall gewesen sei. In Zukunft würden die Alliierten zu gut vorbereitet sein. Das Abenteuer Kreta sei zu teuer gewesen. Die Tage des Fallschirmjägers seien vorbei.

Das XI. Fliegerkorps kehrte nach Deutschland zurück, und die 7. Fliegerdivision wurde als Infanterie in Rußland eingesetzt. Die Berichte über das alliierte Interesse an der Aufstellung von Fallschirmverbänden mehrten sich, und Student bat Hitler, seine Ansichten über den Einsatz des Luftlandekorps zu überdenken. Unter der Protektion von Göring wurde die Stärke der Luftlandetruppen bedeutend erhöht, aber ihre eigentliche Rolle bei Einsätzen großen Ausmaßes war ihrem tatkräftigen Kommandeur für immer verweigert.

Generalfeldmarschall Rommels Triumph in der Wüste im Herbst 1941 verlangte einen gut funktionierenden Nachschub. Die Insel Malta stellte eine Bedrohung der Nachschublinien der Achsenmächte nach Nordafrika dar, und in gleichem Ausmaß war sie ein wichtiges Bindeglied in der britischen Versorgungslinie nach Ägypten. Student wandte sich begeistert der Untersuchung der Möglichkeiten eines Luftlandeangriffes auf Malta zu. Die 7. Fliegerdivision sollte durch die italienische Division Folgore unterstützt werden. Das Korps, das von einer eingeflogenen Division unterstützt werden sollte, sollte unter dem Gesamtkommando des Fürsten von Piemont stehen. Die für Juni 1942 angesetzte Landung wurde nie versucht: Die Division Folgore ging in die Wüste, ebenso wie Ramckes Brigade der 7. Fliegerdivision. Der Rest der 7. Division wurde in die Normandie und dann nach Rußland verlegt. Als Trostpreis entwickelte Student einen Plan für einen Fallschirmangriff auf Gibraltar.

Die neue 2. Fallschirmjägerdivision war in der Bretagne stationiert. Im Mai 1943 wurde das XI. Fliegerkorps mit der 1., 4. und 2. Division für die Verteidigung Italiens vorgesehen. Im Juli erlebte die 1. Fallschirmjägerdivision eine Nachahmung des Angriffes auf Kreta durch britische und amerikanische Fallschirm- und Seglertruppen in Sizilien. Nach der Entmachtung des Duce und der italienischen Kapitulation im gleichen Monat besprach Hitler Pläne für einen pro-faschistischen Coup in Rom. Generalleutnant Students Korps war ausersehen, Rom zu halten, die neue Regierung zu stürzen und Mussolini wieder zur Macht zu verhelfen. Es sollte auch den Vormarsch der alliierten Truppen, die bald im Süden landen würden, aufhalten.

Zur Befreiung Mussolinis faßte Student den sehr schweren Entschluß, Lastensegler im Hochgebirge (2208 m) bei völlig unwägbaren Windströmungen einzusetzen, und dies noch notgedrungen zur Mittagszeit. Er legte auch den Einsatzplan in großem Rahmen fest, unter optimaler Ausnutzung der Möglichkeiten, die Lastensegler und die Luftlandewaffe anboten. Die Durchführung des Unternehmens übertrug er Major Mors und dem Fallschirmjäger-Lehrbataillon. Die letzte Einsatzbesprechung erfolgte am 12. September 1943 vormittags auf dem Flugfeld Pratica di Mare. Students Anweisung an die Piloten lautete, keinen Angriffs-Sturzflug, sondern einen friedensmäßigen Ziel-Anflug mit abgezirkelter Ziel-Landung vorzunehmen. Die Piloten unter Leutnant Meyer-Wehner trugen hierbei die Hauptlast. Mussolini wurde befreit und in einer Heinkel 111 nach Wien geflogen.

Das XI. Fliegerkorps wurde schließlich aufgeteilt. Die zweite Fallschirmjägerdivision wurde an die russische Front verlegt, und eine neue 4. Fallschirmjägerdivision für den Einsatz in Italien aufgestellt. Ziele für Fallschirmlandungen waren die Inseln Kos, Leros und Samos. Während des ganzen Winters und im Frühjahr 1943–44 verstärkten die Fallschirmjäger die deutschen Verteidigungsstellungen an den Flüssen Garigliano und Sangro bei der Festung

Monte Cassino und wurden auch gegen den Landekopf bei Anzio eingesetzt. Im März 1944 wurde das Oberkommando der Fallschirmtruppen in Nancy in Nordfrankreich aufgestellt. Es war Generalleutnant Students Aufgabe, eine neue Luftlandetruppe aufzustellen und zusätzlich seine Divisionen in Rußland und Italien mit Ersatz zu versorgen. Während das Fallschirmkorps I bis Kriegsende in Italien kämpfte, wurde das Fallschirmkorps II aus neuen Rekruten, die durch die Fallschirmschulen in Frankreich und Deutschland gingen, gebildet. Im Juni 1944, als die Alliierten auf den Stränden der Normandie landeten, befehligte Student eine vollständige Fallschirmarmee. Meindls II. Korps wurde im Juli bei dem ersten großen Gegenangriff in der Normandie eingesetzt.

Im Juli 1944 wurde Students Hauptquartier nach Berlin verlegt, wo nach dem Attentat auf Hitler in Rastenburg ein totales Chaos herrschte.

Als die alliierten Truppen aus der Normandie zur Seine vorstießen, erhielt Student den Befehl, alle verfügbaren Fallschirmjägerregimenter zusammenzuziehen und eine Verteidigungsstellung im Gebiet des Albert-Kanals in Belgien unter dem Oberkommando der Armeegruppe B zu bilden.

Generalfeldmarschall Models Armeegruppe B schätzte die Stoßrichtungen von Dempseys 2. britischer Armee nach Holland hinein richtig ab. Als am 17. September alliierte Luftlandetruppen bei Eindhoven, Nimwegen und Arnheim absprangen, in der Hoffnung, Übergänge über den Rhein zu erobern, die für einen schnellen alliierten Vormarsch notwendig waren, lag Generaloberst Students Hauptquartier in einem Haus in Sichtweite der Absetzgebiete von Eindhoven und Nimwegen. Er war so beeindruckt von dem Massenabsprung, daß er sich zunächst der Gefahr der Lage nicht klar wurde, aber am Nachmittag lagen die Pläne für das Unternehmen »Market-Garden«, die man bei einem toten Amerikaner gefunden hatte, auf seinem Tisch.

Während das II. SS-Panzerkorps die Stellungen vernichten sollte, die von der 1. britischen Luftlandedivision bei Arnheim im Norden eingenommen worden waren, stand Students 1. Fallschirmarmee entlang der Hauptstraße von Eindhoven nach Nimwegen und Arnheim auf dem Wege der 2. britischen Armee. Dauernd unter heftigem Luft- und Artilleriefeuer und dem Druck der britischen Einheiten über den Wilhelmina-Kanal auf die Flüsse Maas und Waal, wurde die 1. Fallschirmarmee an den Rand des Zusammenbruchs gebracht.

Am 1. November 1944 wurde Generaloberst Student zum Kommandierenden General der neuen Heeresgruppe H ernannt. Die Heeresgruppe H, die die 1. Fallschirmarmee und die neue 25. Armee umfassen sollte, sollte den alliierten Vormarsch auf den Rhein stoppen. Students Vorstellungen beim Oberkommando hinsichtlich Verstärkung und Ausrüstung, die er zur Verteidigung des Rheines benötigte, brachten ihm das Mißfallen Hitlers ein. Er wurde zugunsten von General von Blaskowitz von seinem Posten entfernt, aber im März 1945 für einen Gegenangriff gegen alliierte Brückenköpfe am Rhein zurückgeholt. Danach sollte er den Oberbefehl über die Fallschirmarmeen wieder übernehmen.

In Deutschland marschierte der Feind von Westen und Osten ein. Als die Russen über die Oder kamen, standen nur ausgemergelte deutsche Divisionen, verstärkt durch Volkssturm und bewaffnete Jugendliche, im Weg der sowjetischen Panzer, die auf Berlin vorstürmten. Mitte April flog Student nach Mecklenburg, um Heinricis Armeegruppe zu übernehmen, die sich ungeordnet von der Oder zurückzog. Als sich Students Heinkel 111 der Landebahn näherte, wurde das Flugzeug von einem Hagel russischen Maschinengewehrfeuers empfangen und mußte nach Lübeck zurückkehren. Als die britische Armee Schleswig-Holstein erreichte, wurde Generaloberst Student gefangengenommen.

Im Dritten Reich stand Student, was die Entwicklung der militärischen Luftfahrt anbelangt, an führender Stelle. Sein Konzept hinsichtlich des Luftlandesturmes, das in der Schlacht um Kreta realisiert worden war, ist jedoch nie voll in das militärische Denken der Deutschen übernommen worden.

Heidrich, Richard, General der Fallschirmtruppe

Ritterkreuz mit Eichenlaub und Schwertern

Richard Heidrich wurde am 28. Juli 1896 geboren und starb im Krankenhaus Bergedorf in Hamburg am 23. Dezember 1947. Im Ersten Weltkrieg meldete er sich freiwillig zur Infanterie und kehrte als Regimentsadjutant heim. Nach dem Dienst in einem Freikorps in Litauen trat Heidrich der Reichswehr bei und nahm kurz darauf an einem Stabsoffizierslehrgang an der Kriegsschule teil.

Im Jahre 1936 meldete er sich freiwillig für die erste Fallschirm-Infanterie-Kompanie und absolvierte sechs Sprünge in Stendal. Die Kompanie wurde in ein Bataillon umgewandelt, und Major Heidrich zu seinem Bataillonskommandeur befördert. Schon im Januar 1939 wurde er dem Stab der 7. Fliegerdivision zugeteilt, aber wegen sachlicher Meinungsverschiedenheiten im Stab der 7. Fliegerdivision ging Heidrich zur Zeit des Frankreichfeldzuges als Regimentskommandeur zum Heer zurück. Ende 1940 wurde Oberst Heidrich als Kommandeur des FJR 3 bestätigt.

Auf Kreta wurde Heidrichs Regiment südlich von Rethymnon im Gebiet von Galatos abgesetzt, wo es eingeschlossen und aus allen Richtungen heftig bekämpft wurde, bis Entsatz aus dem Westen herankam. Dann wurde Oberst Heidrich mit der 7. Fliegerdivision an die russische Front beordert, wo das FJR 3 besonders tapfer in der Schlacht um Leningrad kämpfte.

In den Westen zurückgekehrt, ging Generalmajor Heidrich als Divisionskommandeur der umbenannten 1. Fallschirmjägerdivision zum Kriegsschauplatz Mittelmeer. Hier beteiligte sich seine Division an der Schlacht um Sizilien, und er erlebte den Höhepunkt seiner Laufbahn in den zerstörten Höhen von Monte Cassino. Zu dieser Zeit sprachen die Briten dem entschlossenen deutschen Fallschirmkommandeur Führungseigenschaften ähnlich denen

145

Churchills zu. Heidrich befehligte das I. Fallschirmkorps, das sich den Alliierten im April 1945 in Italien ergab.

Heidrich war ein außergewöhnlicher General, der von seinen Männern unbedingte Treue verlangte, die sie ihm auch erwiesen. Charakter und Leistung zählten für Richard Heidrich, und er wurde von den Männern des FJR 3 verehrt. Sein letzter Befehl vor der drohenden Schlacht war: »Haltet zusammen und vergeßt nicht die Toten und die, die ihr zu Hause zurückgelassen habt.«

Meindl, Eugen, General der Fallschirmtruppe

Ritterkreuz mit Eichenlaub

Eugen Meindl wurde am 16. Juli 1892 in Donaueschingen geboren. Mit zwanzig Jahren trat Meindl als Fahnenjunker in das Feldartillerieregiment 67 ein. Nachdem er vom Regiment übernommen war, erlebte er den Ersten Weltkrieg als Zugführer, Batteriechef und Adjutant.

1921 trat Meindl in die Reichswehr ein und diente weiter im neuen deutschen Heer, das unter Hitler gebildet wurde. Nach dem Anschluß Österreichs wurde er zum Kommandeur des 112. Gebirgsartillerieregiments in Graz ernannt.

Oberst Meindl sah die Fallschirmjäger das erste Mal im Jahre 1940 in Narvik. Als Angehöriger der deutschen Gebirgstruppen wurde er mit den Fallschirmjägern abgesetzt, ohne je vorher ausgebildet worden zu sein. Sein Übertritt zu den Luftlandetruppen war nur eine Frage der Zeit. Sein Sturmregiment hatte entscheidenden Anteil bei der Eroberung des Bereiches Malemes auf Kreta.

Er kämpfte im Winter 1941–42 als Kommandeur der Kampfgruppe Meindl in Rußland, zuerst bei der Heeresgruppe Mitte, später südlich des Ilmensees. Als Generalmajor vereinigte er Luftwaffenfeldeinheiten zur Division Meindl zum Einsatz im Bereich Nord. Seine Erfahrung mit den Luftwaffen-Infanterie-Regimentern führte dazu, daß er als Kommandeur des XII. Fliegerkorps 22 neue Luftwaffenfelddivisionen aufstellte.

Generalleutnant Meindls II. Fallschirmkorps wurde aus dem Stab des XIII. Fliegerkorps im Spätherbst 1943 in Ostfrankreich gebildet, und zwei Fallschirmjägerdivisionen (die 3. und 5.) wurden gegen die Invasionstruppen in der Normandie eingesetzt. Meindls Korps erhielt die Aufgabe, das 7. US-Korps (Collins) und das 19. US-Korps (Corlett) zu binden, die von den Stränden Utah und Omaha vorgingen. Die Amerikaner trafen auf heftige Gegenwehr entlang der Linie St.-Mere-Eglise – Carentan – St. Lô. Meindls zwei Fallschirmjägerdivisionen wurden von britischen und kanadischen Truppen in der Nähe von Falaise in die Falle getrieben.

Das II. Fallschirmkorps wurde buchstäblich vernichtet. Generalleutnant Meindl selbst entkam nur knapp, bevor die Lücke des Kessels bei Argentan – Falaise geschlossen wurde.

146

Unter der neuen 1. Fallschirmarmee für die Verteidigung Belgiens und Hollands neu aufgestellt, focht Meindls Korps bis zum Ende in der Nähe von Oldenburg im April 1945. Nach der deutschen Kapitulation wurde Eugen Meindl von den Alliierten bis September 1945 in Gefangenschaft gehalten. Er starb im Januar 1951.

Ramcke, Hermann Bernard, General der Fallschirmtruppe

Ritterkreuz mit Eichenlaub, Schwertern und Diamanten

Hermann Ramcke wurde am 24. Januar 1889 in Norddeutschland geboren und starb am 4. Juli 1968. Als junger Mann fuhr er auf einem Segelschiff zur See und meldete sich im Ersten Weltkrieg freiwillig zur Marine-Infanterie. Nach einer Auszeichnung in Flandern war Ramcke einer der wenigen deutschen Soldaten, die im Verlaufe dieses Krieges aus dem Mannschaftsstand Offizier wurden. In den Jahren 1918–19 diente er in den Freiheitskämpfen in den baltischen Staaten.

»Hermann Bernard« oder »Papa Ramcke«, wie er auch genannt wurde, zog mit dem Heer im Zweiten Weltkrieg in den Polenfeldzug in einer Rolle, die ihm nicht gefiel. Im Sommer 1940 meldete er sich freiwillig zur Fallschirmschule. Die erforderlichen sechs Sprünge, die zur Erlangung des Springerabzeichens notwendig waren, wurden normalerweise in einem Zeitraum von sechs Tagen absolviert, und selbst für hohe Offiziere gab es keine Ausnahmen. Ramcke, der damals 51 Jahre alt war, absolvierte seine sechs Sprünge in drei Tagen, jeweils zwei an einem Tag.

Nachdem er zuerst in Heidrichs FJR 3 gedient hatte, folgte eine Zeit in Reserveeinheiten und Kriegsschulen, bevor es nach Kreta ging. Oberst Ramcke, der am 21. Mai bei Malemes abgesetzt wurde, übernahm die Gruppe West, nachdem Meindl schwer verwundet worden war. Nach einem Tag heftiger Kämpfe nahm die verstärkte Gruppe West den Flugplatz von Malemes ein.

Nachdem er für seinen Einsatz auf Kreta das Ritterkreuz erhalten hatte, wurde Generalmajor Ramcke als leitender Ausbilder zu der italienischen Division Folgore abgestellt und war an den Plänen zur Eroberung Maltas beteiligt. Als aus diesem Unternehmen nichts wurde, verlegte man die Brigade Ramcke nach Afrika. Ende Oktober 1941 lag seine Brigade im Gebiet der Kattara-Senke, während sich die deutschen Truppen aus El Alamein zurückzogen. Die Brigade selbst zog sich 300 km weit durch britisches Gebiet zurück, nachdem sie die Fahrzeuge einer britischen Nachschubkolonne erobert hatte.

Die 2. Fallschirmjägerdivision wurde im Frühjahr 1943 unter Generalmajor Ramcke in Frankreich aufgestellt. Im Sommer wurde diese Division als Teil des Luftlandekorps nach Rom beordert. Im gleichen Jahr an die russische Front verlegt, kämpften Ramcke und seine Männer bei Zhitomir, Kirovograd und an anderen Plätzen in der Ukraine.

Schließlich kam die Schlacht um die Festung Brest im September 1944. Nachdem die Alliierten aus der Normandie ausgebrochen waren, benötigten sie Brest dringend als Versorgungshafen. Ramcke sammelte alle deutschen Einheiten in dem Gebiet um das FJR 2 und das FJR 7, und seine Truppen kämpften mehrere Wochen lang verzweifelt, bis der Hafen am 20. September fiel.

Nach seiner Gefangennahme wurde der einstige Schiffsjunge und jetzige Fallschirmjägergeneral den langen und anstrengenden Verhören der alliierten Kriegsverbrecherkommission unterzogen, aber er wurde nicht angeklagt. General Middleton, der das 8. US-Korps in der Bretagne befehligte, sagte: »Ich denke, er führte den Krieg in der Tradition eines guten Soldaten.«

Ringel, Julius, Generalleutnant

Ritterkreuz mit Eichenlaub

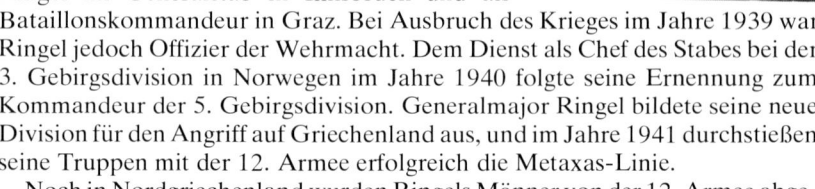

Julius Ringel wurde am 16. November 1889 in Völkermarkt in der österreichischen Provinz Kärnten geboren. Nach dem Abschluß der Schule wurde er als Landwehrkadett in der Kaiserlichen Armee ausgebildet und ging als Leutnant im zweiten Gebirgsregiment in den Ersten Weltkrieg.

In den Jahren zwischen den Kriegen diente Ringel im Generalstab in Innsbruck und als Bataillonskommandeur in Graz. Bei Ausbruch des Krieges im Jahre 1939 war Ringel jedoch Offizier der Wehrmacht. Dem Dienst als Chef des Stabes bei der 3. Gebirgsdivision in Norwegen im Jahre 1940 folgte seine Ernennung zum Kommandeur der 5. Gebirgsdivision. Generalmajor Ringel bildete seine neue Division für den Angriff auf Griechenland aus, und im Jahre 1941 durchstießen seine Truppen mit der 12. Armee erfolgreich die Metaxas-Linie.

Noch in Nordgriechenland wurden Ringels Männer von der 12. Armee abgestellt, um zusammen mit der 7. Fliegerdivision das Luftlandekorps für das Unternehmen »Merkur« zu bilden. Nach einem anstrengenden Marsch zu einem Sammelpunkt in der Nähe von Athen, verbrachte die 5. Gebirgsdivision drei Wochen der Ausbildung für die Amphibienlandung bei Iraklion. Tatsächlich wurde die Division aber im Westen der Insel aus der Luft gelandet. Der Eingriff des 85. und 100. Gebirgsregimentes bei Malemes am späten Nachmittag des zweiten Tages der Schlacht um Kreta brachte den Fallschirmjägern entscheidende Entlastung. Nach Abschluß der Kämpfe wurde Ringel Befehlshaber der deutschen Truppen auf Kreta.

Nach Kreta diente Generalleutnant Ringel mit seiner Division am Ufer des Ladogasees in der Kampfzone um Leningrad. Im Frühjahr 1944 fanden sich die Gebirgstruppen erneut an der Seite der Fallschirmjäger in den Bergen südlich Roms bei Monte Cassino.

Von seinen Männern liebevoll »Papa Julius« genannt, schrieb der Generalleutnant seine Auszeichnungen der Treue seiner Soldaten zu und seine Beförderungen seinen fortgeschrittenen Jahren.

Schulz, Karl-Lothar, Generalmajor

Ritterkreuz mit Eichenlaub und Schwertern

Karl-Lothar Schulz wurde am 30. April 1907 in Königsberg in Ostpreußen geboren und starb am 26. September 1972 bei Wiesbaden.

Nach dem Abitur meldete sich Schulz freiwillig zur neuen Reichswehr und trat dem Artillerieregiment 1 in Königsberg als Rekrut bei. Zur preußischen Schutzpolizei versetzt, wurde er im Jahre 1933 der Polizeigruppe z.b.V. Wecke zugeteilt. Göring reorganisierte diese Spezialeinheit als neue Landespolizei, aus der sich später die Panzerdivision und Fallschirm-Panzerdivision Hermann Göring entwickelte.

Schulz war einer der ersten Offiziere im Sommer 1938 bei Bräuers FJR 1. Er überredete seine Pionierkompanie, geschlossen mit ihm aus seinem früheren Regiment zur Fallschirmtruppe überzutreten. Nachdem ihm seine Männer versichert hatten, daß sie alles machen würden, was er tat, erklärte Schulz: »Dann seid ihr von heute an alle Fallschirmjäger.«

Als Bataillonskommandeur war Major Schulz bei seinen Leuten sehr beliebt. Er sprang mit FJR 1 bei Rotterdam ab und nahm an der Schlacht um Kreta teil. Nach Kreta machte sich Oberst Bräuer nach dem Besuch eines Theaters, das von Fallschirmjägern überfüllt war, eine Tagebuchnotiz: »Weder ich noch die Schauspieler auf der Bühne wußten, weshalb es den plötzlichen Ausbruch von Applaus gab, bis ich mich umdrehte und sah, daß der Kommandeur meines III. Bataillons das Theater betreten hatte. Der Applaus galt Lothar, der nach einer schweren Verwundung zu seinen Männern zurückkehrte.«

Schulz diente weiter in der 1. Fallschirmjägerdivision und erlebte Einsätze an der russischen Front bei Leningrad und Orel, bis er mit den »grünen Teufeln« in das Mittelmeergebiet zurückkehrte. Er stand von März bis Mai 1944 an den Brennpunkten des Kampfes um Monte Cassino und später bei der beherzten Verteidigung von Bologna. Generalmajor Schulz befehligte die Division, als sie sich in Norditalien im Jahre 1945 den alliierten Truppen ergab.

Bräuer, Bruno, Generalleutnant

Ritterkreuz

Bruno Bräuer wurde am 4. Februar 1893 in Berlin geboren. Er diente im Ersten Weltkrieg als Unteroffizier. Schwer verwundet kehrte der junge Bräuer mit dem Eisernen Kreuz II. Klasse heim.

Bräuer trat in die Schutzpolizei ein, als diese in Preußen aufgestellt wurde, und gehörte ihr später als Abteilungsleiter an. Nachdem Hitler am 30. Januar 1933 die Macht übernommen hatte, wurde eine Polizeieinheit gegründet, deren Angehörige besonders zuverlässig waren. Bräuer unterstand die 1. Kompanie dieser Einheit (z.b.V. Wecke) und wurde danach Bataillonskommandeur der Landespolizeigruppe Hermann Göring.

Bräuer stieß während der allerersten Anfänge zu den Fallschirmjägern. Er nahm an dem ersten Sprunglehrgang in Stendal teil und wurde Kommandeur des ersten Bataillons von FJR 1. Bei Aufstellung der Luftlandedivision im Juli 1938 wurde Oberst Bräuer Regimentskommandeur von FJR 1.

Im Mai 1940 wurde das FJR 1 im Gebiet von Rotterdam abgesetzt. Oberst Bräuer sprang mit dem I. Bataillon bei Dordrecht ab, während die anderen beiden Bataillone gegen Moerdijk und Rotterdam selbst eingesetzt wurden.

Oberst Bräuers Regimentsgruppe landete während der ersten Phase der Schlacht um Kreta im Bereich Ost bei Iraklion mit dem Fallschirm. Sie erlitt schwere Verluste, bis die Fallschirmjäger durch Ringels 5. Gebirgsdivision ersetzt wurden. Nach Kreta wurde das FJR 1 nach Rußland verlegt, wo das Regiment zuerst an der Newa stand.

Das Schicksal führte Bruno Bräuer nach seinem ersten Einsatz in Rußland wieder nach Kreta zurück. Als Festungskommandant schloß er mit vielen Bewohnern der Insel Freundschaft, aber beträchtliche Partisanentätigkeit verschlechterte das Verhältnis der deutschen Truppen mit den Kretern. Als er wieder in Deutschland war, unternahm Generalmajor Bräuer unaufhörlich Anstrengungen, bessere Verpflegung für seine Soldaten zu erhalten, damit diese nicht gezwungen waren, sich der Nahrungsmittel der Inselbewohner bemächtigen zu müssen. Bräuer fiel in Ungnade und wurde zur Reserve abgestellt.

Generalleutnant Bräuer wurde wieder einberufen, um die 9. Fallschirmjägerdivision zu kommandieren, als diese im Dezember 1944 für die Verteidigung Berlins und Breslaus aufgestellt wurde. Die Division griff erst in den Kampf ein, als die Russen an der Oder standen, und wurde nahezu vollständig vernichtet. Als Gefangener wurde der General wegen der Teilnahme an angeblichen Kriegsverbrechen, die nicht näher erklärt wurden, angeklagt. Schon ein gebrochener Mann, wurde Bruno Bräuer nach Ende des Krieges nach Athen gebracht und dort am 20. Mai 1947 erschossen.

Heilmann, Ludwig, Generalmajor

Ritterkreuz mit Eichenlaub und Schwertern

Ludwig Heilmann wurde im August 1903 in Würzburg geboren und starb im Oktober 1959. Er trat mit 18 Jahren in das Heer ein und diente zwölf Jahre in der Reichswehr. Im Jahre 1934 wurde er zum Offizier befördert.

»König Ludwig«, wie er vertraulich genannt wurde, befehligte eine Kompanie des Infanterieregimentes 21 in Polen und dann in Frankreich. Die Leistungen der neuen Luftlandetruppe im Jahre 1940 erregten sein Interesse, und er meldete sich bald freiwillig für diesen Truppenteil. Nach der Fallschirmsprungausbildung wurde Heilmann dem FJR 3 zugeteilt und übernahm das III. Bataillon. In der Schlacht um Kreta kämpfte das Bataillon erbittert bei Galatos und Daratso, wo viele Deutsche ihr Leben verloren.

In Rußland steht Major Heilmanns III. Bataillon/FJR 3 in unvergeßlicher Verbindung mit dem Brückenkopf bei Wyborgskaya. Am 10. Juli 1943 war die 1. Fallschirmjägerdivision auf dem Wege nach Sizilien. FJR 3, jetzt unter dem Kommando von Oberstleutnant Heilmann, kam mit der Division in Rom an und wurde kurz danach auf der Küstenebene bei Catania abgesetzt. Alliierte und deutsche Fallschirmjäger landeten beinahe gleichzeitig in derselben Kampfzone. Die Kämpfe um die Brücken bei Simeto, Marcelliono und Malati steigerten Heilmanns guten Ruf als Kommandeur. Das FJR 3 war eine der letzten Einheiten, die Sizilien verließen.

Das FJR 3 kämpfte hartnäckig bei Ortona an der italienischen Ostküste, bis es Ende Dezember 1943 den zahlenmäßig überlegenen Kräften weichen mußte. Heilmanns Regiment erwarb sich unsterblichen Ruhm bei Monte Cassino. Die drei Hauptschlachten bei Cassino sind in die Militärgeschichte eingegangen, als Erinnerung an den Mut und das menschliche Leiden sowohl der deutschen als auch der alliierten Armeen. Das FJR 3 räumte seinen Gebirgsstützpunkt in der Nacht des 17. Mai 1944.

Die 5. Fallschirmjägerdivision, die im Kessel von Falaise nach den alliierten Landungen in der Normandie vernichtet worden war, wurde in Deutschland und Holland unter Ludwig Heilmann neu aufgestellt. Seine neue Division bestand in der Hauptsache aus früherem Luftwaffen-Bodenpersonal. Ende 1944 in die Ardennenoffensive geworfen, erzielte Generalmajor Heilmann hervorragende Leistungen in der Schlacht. Von den Amerikanern gefangengenommen, wurde er in ein englisches Kriegsgefangenenlager geschickt und im Jahre 1947 entlassen. Er starb 1959.

Gericke, Walter, Generalmajor

Ritterkreuz mit Eichenlaub

Walter Gericke wurde am 23. Dezember 1907 geboren. Wie so viele seiner späteren Fallschirmjägerkameraden, begann Gericke als Polizeibeamter.

Als Angehöriger der Landespolizeigruppe »GG« meldete er sich als einer der ersten Fallschirmjäger freiwillig. Als Oberleutnant wurde er Führer der 4. Kompanie des I. Bataillons/FJR 1 in Stendal.

Im April 1940 wurde seine Kompanie bei der Brücke von Vordingborg abgesetzt, die die dänischen Inseln Seeland und Falster verbindet. In Holland sprang Gerickes 4. Kompanie bei Dordrecht, aber anders als in Vordingborg wurde die dortige Brücke nicht heil eingenommen.

Im folgenden Jahr landete er auf Kreta mit dem IV. Bataillon des Luftlande-Sturmregimentes bei Malemes. Seine Kampfgruppe kämpfte mit großer Entschlossenheit, und die Verleihung des Ritterkreuzes erfolgte in Anerkennung seiner Führungseigenschaften und der Entschlossenheit seiner Männer.

Als Kommandeur des I. Bataillons/FJR 1 wurde Major Gericke dann unter der 7. Fliegerdivision in Rußland eingesetzt. Das Bataillon erlitt schwere Verluste in der Gegend von Stalino (heute Donetz) in der Südukraine und auch am Wolchow im nördlichen Abschnitt der Ostfront.

Als Ramcke im Frühjahr 1943 in der Bretagne die 2. Fallschirmjägerdivision aufstellte, befehligte Major Gericke das II. Bataillon des FJR 6. Im Juli 1943 flog die Division von Istres in Südfrankreich nach Pratica di Mare bei Rom.

Im Zusammenhang mit Students Plan zur Ausschaltung der italienischen Streitkräfte erhielt Gerickes Bataillon den Auftrag, das italienische Oberkommando in Monte Rotondo gefangenzunehmen. Das Unternehmen war erfolgreich, obwohl der Chef des Stabes, General Roatta, seinen Posten verlassen hatte.

Die 2. Fallschirmjägerdivision wurde im Oktober/November 1943 nach Rußland (Zhitomir) verlegt, wo das I. Bataillon/FJR 6 praktisch vernichtet wurde. Das zweite und dritte Bataillon des FJR 6 blieben jedoch in Italien in Perugia als Kader, aus dem General Heinz Trettners 4. Fallschirmjägerdivision aufgestellt wurde.

Gericke übernahm das FJR 11 als Regimentskommandeur. Die drei Regimenter von Trettners Division hatten je ein Bataillon zur besonderen Verwendung, die bald als Kampfgruppe Gericke zusammengefaßt und gegen den Landekopf bei Anzio-Nettuno eingesetzt wurden.

Generalmajor Gericke wurde im Januar 1945 zum Kommandeur der neuen 11. Fallschirmjägerdivision ernannt, die aber nie mehr als die Stärke einer Kampfgruppe erreichte. Nach heftigen Kämpfen an den alliierten Rheinübergängen zog sich die Division nach Nordwestdeutschland zurück und ergab sich im April 1945 im Gebiet von Oldenburg britischen Truppen.

Schacht, Gerhard, Oberst der Bundeswehr

Gerhard Schacht wurde am 6. April 1916 im Berliner Viertel Steglitz geboren. Nach dem Abitur begann Schacht Jura zu studieren, meldete sich aber am 1. November 1936 zu einer motorisierten Aufklärungsabteilung der Wehrmacht. Er fühlte sich dann von der Luftwaffe angezogen und trat in die Luftwaffen-Lehrstaffel in Greifswald ein.

Aber »Eule«, wie ihn seine Freunde nannten, blieb nicht lange in Greifswald. Nachdem er von Bräuers Bataillon in Stendal gehört hatte, meldete sich Schacht freiwillig zur Fallschirmsprungausbildung. Bruno Bräuer teilte Schacht der »Sturmabteilung Koch« zu, die den bevorstehenden Einsatz bei Eben Emael durchführen sollte.

Während des erfolgreichen Angriffes auf die belgische Festung am 10. Mai 1940 führte Schacht die Sturmabteilung, die die Brücke bei Vroenhoven einnahm. Nach einer Verwundung bei Vroenhoven verbrachte er einige Zeit im Krankenhaus und wurde danach als General Students Ordonnanzoffizier dem XI. Fliegerkorps zugeteilt. Nach dem Einsatz in Afrika ging Gerhard Schacht zur Kriegsschule der Luftwaffe.

Im Oktober 1943 war er wieder beim XI. Fliegerkorps, diesmal als Einsatzoffizier des Korpsstabes. Ab Ende 1944 befehligte er eine Fallschirmjäger-Kampfgruppe in Verteidigungskämpfen in Pommern und Brandenburg. Sein Regiment, das FJR 25, wurde aufgerieben, und die Überlebenden ergaben sich im Mai 1945 sowjetischen Truppen.

Ein geheimes britisches Kommandounternehmen am 17. Januar 1944, kurz vor der alliierten Landung bei Anzio endete mit schweren Verlusten für die Sabotagegruppe. Entsprechend Hitlers Befehl sollten Gefangene, die derartigen Gruppen angehörten, erschossen werden. Schacht widerrief diesen Befehl, gerade noch rechtzeitig, um einem Leutnant Hughes das Leben zu retten, als dieser schon seinem Erschießungskommando gegenüberstand.

Nach dem Kriege trat Gerhard Schacht in die neu aufgestellte Bundeswehr ein. Er diente als Militärattaché in Teheran und war schließlich Stellvertretender Kommandeur der 1. Luftlandedivision in Bruchsal. Schacht starb am 7. Februar 1972 nach einer kurzen Krankheit.

Kroh, Hans, Generalmajor der Bundeswehr

Ritterkreuz mit Eichenlaub und Schwertern

Hans Kroh (oder »Hanne«, wie er von seinen Soldaten genannt wurde) wurde im Mai 1906 in Berlin geboren. Nach dem Abitur ging er zur Polizeischule nach Brandenburg, von dort über die Polizei-Bereitschaft »Linden« zur z.b.V. Wecke. Seine Versetzung von dieser Landespolizeigruppe zur Fallschirmschule in Stendal gab ihm Gelegenheit, eigene Ideen über Sprungtechniken und Spezialausrüstung zu entwickeln.

Im Mai 1940 diente Kroh als Einsatzoffizier bei General Trettner, der zu jener Zeit der Chef des Stabes der 7. Fliegerdivision war. Major Kroh löste Herbert Noster, einen bekannten Sportler, im Kommando über das I. Bataillon/ FJR 2 ab. Oberst Sturms FJR 2 kämpfte erbittert bei Rethymnon im Bereich der Gruppe Mitte, während der Schlacht um Kreta, und alle drei Bataillone erlitten schwere Verluste. Krohs Gruppe kämpfte an ziemlich hoffnungsloser Stelle, bis sie von Gebirgstruppen, die sich von Westen näherten, entsetzt wurde. Das I. Bataillon/FJR 2 wurde im Jahre 1942 Ramckes Brigade in Afrika zugeteilt. Major Krohs Bataillon nahm am Rückzug der Fallschirmjäger an der Südflanke von Rommels Verteidigungsstellungen bei Alamein teil.

Als das FJR 2 im Frühjahr 1943 in der Bretagne der neuen 2. Fallschirmjäger-division zugeteilt wurde, wurde Oberst Kroh Regimentskommandeur. Nach der italienischen Kapitulation gegen die Truppen der Regierung Badoglio eingesetzt, errang das Regiment im Kampf gegen die Italiener schnelle Erfolge. Im September 1943 wurde Generalmajor Ramckes 2. Fallschirmjägerdivision nach Zhitomir an die Ostfront verlegt. Bei Schepetovka, Kirovograd, Nowgorod und Tal'noye in der Südukraine teilte das FJR 2 die harten Kämpfe mit den anderen Fall-schirmjägerregimentern.

Im Mai 1944 kehrte die Division nach Deutschland zurück und wurde vor der Invasion in die Normandie verlegt. In Brest übernahm »Hanne« Kroh das Kommando über die 2. Fallschirmjägerdivision, als Ramcke Festungskomman-dant wurde. Kroh wurde von den Amerikanern gefangen und als Kriegsgefan-gener nach England gebracht. Er wurde erst 1947 entlassen.

Kroh trat Mitte der fünfziger Jahre in die Bundeswehr ein und wurde bald zum Kommandeur der 1. Luftlandedivision in Bruchsal ernannt. Er starb am 18. Juli 1967.

Witzig, Rudolf, Oberst

Ritterkreuz mit Eichenlaub

Rudolf Witzig, der am 14. August 1916 geboren wurde, war der Pionieroffi-zier, der auf der Festung Eben Emael landete.

Witzigs aus 55 Fallschirmpionieren bestehende Gruppe zerstörte zwei 12-cm-Kanonen und neun 7,5-cm-Kanonen durch Sprengladungen. Als die Ausgänge der Festung gesprengt worden waren, saßen die 700 belgischen Sol-daten in der Falle, aber ebenso die deutschen Fallschirmpioniere, bis das Gros der deutschen Truppe am folgenden Morgen eintraf. Die erfolgreiche Zerstö-rung war auf neue Sprengmittel zurückzuführen und auf eine harte Ausbildung, die unter strengster Geheimhaltung in Hildesheim durchgeführt worden war.

Im November 1942 führte Major Witzig das Fallschirm-Pionier-Bataillon, das mit Oberst Barenthins Regiment in Tunesien kämpfte. Die 2. Kompanie hatte schon an der südlichen Flanke der Front von El Alamein mit der Brigade Ramcke gekämpft.

Im Frühjahr 1943 wurde das I. Bataillon/Fallschirm-Pionierregiment 21 unter Major Witzig in Moulin in Frankreich aufgestellt und mit der Eisenbahn nach Rußland verlegt. Das Bataillon zog zuerst im Gebiet von Kowno in Li-tauen in den Kampf, hielt aber später Stellungen an der Eisenbahnlinie in der Nähe von Wilna in Polen besetzt. Im Oktober 1944 wurde das Bataillon zur Neuformierung nach Mecklenburg zurückgezogen. Oberst Witzig übernahm das FJR 18 der 6. Fallschirmjägerdivision Ende 1944 und führte dieses Regi-ment in Nordfrankreich, Belgien, Holland und im Rheinland bis zur Kapitula-tion bei Zutphen im April 1945.

Becker, Karl-Heinz, Oberst

Ritterkreuz mit Eichenlaub

Karl-Heinz Becker wurde 1914 geboren. Die Fallschirmjäger hatten keinen Mangel an guten Offizieren, aber der »schwarze Becker« war gewiß einer der hervorragendsten Fallschirmjäger-Offiziere.

Becker ging mit dem Heer nach Polen und kämpfte bei Stawiszyn in der Nähe von Lodz. Seine Fallschirmjägerkarriere beginnt als Oberleutnant bei der 2. Kompanie des FJR 1: Becker wurde bei Bräuer Regimentsadjutant und erhielt später den Befehl über das III. Bataillon/FJR 1.

Major Becker sprang bei Rotterdam und Iraklion mit Bräuers Regiment ab. In Rußland kämpfte sein Bataillon im Bereich der Heeresgruppe Mitte, und im Januar 1944 war er mit seinen Männern in Italien im Einsatz gegen die alliierte Landung bei Anzio. Im Juni ging Becker in die Normandie als Kommandeur des neuen FJR 5. In den Kessel von Falaise getrieben, gehörte Oberst Becker zu den Offizieren, die mit ihren dezimierten Einheiten entkommen konnten.

Jetzt entstand die Kampfgruppe Becker. Durch diese Spezialeinheit errang Becker einen guten Ruf in der 1. Fallschirmarmee ebenso wie bei den Alliierten. Im Herbst 1944 schrieb das amerikanische Magazin »Life«: »Wenn Becker nur noch fünf Soldaten hat, greift er mit dreien an, und – wenn er auf überlegene gegnerische Kräfte trifft – setzt er seine zwei Mann Reserve ein.« Von amerikanischen Flugzeugen abgeworfene Flugblätter setzten eine Belohnung von 5000 Dollar für die Gefangennahme von Becker – tot oder lebendig – aus.

von der Heydte, Freiherr Friedrich-August, Brigadegeneral der Bundeswehr a.D.

Ritterkreuz mit Eichenlaub

Freiherr von der Heydte wurde am 30. März 1907 in München als Sohn eines früheren Heeresoffiziers geboren. Nach dem Abitur trat er im Jahre 1925 in die Reichswehr ein und wurde im Herbst 1926 als Reservist im Range eines Fahnenjunkers entlassen. Während der nächsten zehn Jahre studierte er Philosophie und Jura in Berlin, München, Wien, Graz und Innsbruck.

Im August 1936 trat von der Heydte als aktiver Offizier in die Wehrmacht ein und wurde als Oberleutnant Führer einer Panzeraufklärungsabteilung in Herford. Er nahm am Frankreichfeldzug als Ordonnanzoffizier der 246. Infanteriedivision teil und wurde zum Hauptmann befördert.

Nach dem Fall Frankreichs meldete sich Hauptmann von der Heydte freiwillig zu den Fallschirmjägern und wurde später dem FJR 3 zugeteilt. An dem Angriff auf Kreta nahm er als Kompaniechef teil und sprang mit seinem Bataillon in der »Gruppe Mitte« bei Galatos – Alikianoú. Seine Männer waren die ersten in Chania. In Rußland kämpfte er bei Leningrad und Schlüsselburg und weiter südlich bei Wyborgskaja an der Newa und bei Petroschino.

Major von der Heydtes Bataillon wurde zum Lehrbataillon der 1. Fallschirm-jägerdivision gemacht. Er war verantwortlich für die Entwicklung von Verfahren für das Nachtspringen, Springen ins Wasser und in Waldgebiete. Übungssprünge, bei denen die Männer Handfeuerwaffen und Gerät mit sich führten, wurden durchgeführt. Versuche der militärischen Anwendung des Fallschirmsprungs im freien Fall wurden durchgeführt und fortgesetzt, als das FJR 3 im März 1943 nach Südfrankreich verlegt wurde.

Major von der Heydte befehligte im Oktober 1942 ein Bataillon in Ramckes Brigade bei El Alamein, und er organisierte einen Teil des Rückzugs, als das Afrikakorps nach der Schlacht zurückgehen mußte. Er wurde im Frühjahr 1943 Ramckes Einsatzoffizier, als die 2. Fallschirmjägerdivision in der Bretagne aufgestellt wurde. Nach der italienischen Kapitulation wurde die 2. Division zusammen mit der 1. nach Rom verlegt, wo von der Heydte gegen italienische Truppen um die Herrschaft in der italienischen Hauptstadt kämpfte.

Das FJR 3 wurde in Wahn bei Köln im Januar 1944 neu aufgerüstet und unter dem Kommando von Oberstleutnant Freiherr von der Heydte in die Bretagne verlegt. Gegen den alliierten Brückenkopf in der Normandie eingesetzt, erwarb sich sein Regiment den Spitznamen »Löwe von Carentan«. Das Regiment wurde unter der 1. Fallschirmarmee im Herbst in einer Verteidigungsstellung am Albert-Kanal eingesetzt, wobei es schwere Verluste erlitt. Von der Heydte befehligte das verstärkte Bataillon, das während der Ardennenoffensive den Einsatz deutscher Luftlandetruppen bei Malmedy unternahm.

Schirmer, Gerhard, Oberst der Bundeswehr a. D.

Ritterkreuz mit Eichenlaub

Gerhard Schirmer wurde im Januar 1913 in Chemnitz geboren. Nach dem Abitur besuchte er eine Polizeischule in Meißen.

Wie viele seiner Zeitgenossen fühlte er sich von der neu aufgestellten Luftwaffe angezogen und ließ sich im Jahre 1935 in Schleißheim bei München zum Flugzeugführer ausbilden. Oberleutnant Schirmer wurde nach kurzer Zeit Staffelführer.

Im Mai 1939 meldete sich der Flieger freiwillig zu einem Fallschirmspringerlehrgang. Nachdem er das Fallschirmspringerabzeichen erworben hatte, wurde er Kompanieführer im FJR 2, ging nach Polen und kämpfte mit der 5. und 6. Kompanie am Fluß Wista im Gebiet von Deblin. Nach dem kurzen Polenfeldzug kehrte er mit dem II. Bataillon nach Tangermünde bei Stendal zurück. Das FJR 2 nahm an der Invasion in Holland teil, und Schirmers Kompanie kämpfte gegen ein Bataillon des 4. holländischen Infanterieregiments am Flughafen Katwijk nördlich von Rotterdam.

Das I. und II. Bataillon kämpften am 26. April 1941 an der Brücke von Korinth, wo nach der Entfernung der britischen Sprengladungen die Brücke durch einen zufälligen Granattreffer gesprengt wurde. Im Monat darauf sprang Schirmer mit seiner Kompanie bei Iraklion auf Kreta ab. Das II. Bataillon gehörte zu den Einheiten, die nach der Schlacht um Kreta nach Rußland verlegt wurden, und Hauptmann Schirmer kämpfte am Fluß Mius in der Südukraine.

Im November 1942 flog Schirmer mit Oberstleutnant Kochs FJR 5 von Athen nach Tunis und gehörte zu den letzten Soldaten, die vor der deutschen Kapitulation in Tunesien nach Deutschland zurückkehrten. Major Schirmer ging als Kommandeur des II. Bataillons mit dem FJR 5 nach Zhitomir und Kirovograd in der Ukraine. Zum Oberstleutnant befördert, war Schirmer mit der Aufstellung des FJR 16 in Deutschland befaßt und flog als Regimentskommandeur mit vier Bataillonen in die Festung Wilna. Das FJR 16 (Ost) kämpfte erbittert an der russischen Front bei Kauen, Wilkowischen und Tilsit.

Zur Zeit des Attentates gegen Hitler wurde Schirmer von der Gestapo festgenommen, weil er eine verwandtschaftliche Bindung mit der Familie des Grafen Stauffenberg hatte.

Nach seiner Entlassung kämpfte er in den letzten Kriegsmonaten mit der 10. Fallschirmjägerdivision an der Donau. Nachdem er elf Jahre als Gefangener in einem russischen Arbeitslager bei Workuta verbracht hatte, trat Schirmer im Jahre 1956 in die Bundeswehr ein.

Koch, Walter, Oberstleutnant

Ritterkreuz des Eisernen Kreuzes

Walter Koch wurde am 10. September 1910 geboren und starb nach einem Verkehrsunfall auf der Autobahn im Oktober 1943.

Nach dem Schulabschluß ging Koch zur Polizei in Bonn. Er wurde zur Preußischen Schutzpolizei versetzt und im Januar 1935 zum Leutnant ernannt. Als Oberleutnant im Regiment Hermann Göring meldete sich Koch freiwillig zu den Fallschirmjägern. Nachdem er im April 1938 zum Hauptmann befördert worden war, wurde er Chef der 5. Kompanie in Bruno Bräuers FJR 1.

Im Herbst 1939 wurde die »Versuchsabteilung Friedrichshafen« in Hildesheim aufgestellt (Kodename für die »Sturmabteilung Koch«). Die Übungen für das Unternehmen in Eben Emael wurden unter strengster Geheimhaltung in Hildesheim ausgeführt. Vier Sturmabteilungen wurden unter dem Gesamtkommando von Hauptmann Koch gebildet: »Stahl« (Altmann); »Beton« (Schacht); »Eisen« (Schächter) und »Granit« (Witzig). Die Ziele für die Gruppen waren die Brücken bei Veldwezelt, Vroenhoven, Kanne und die Festung Eben Emael.

Major Koch, der für die Unternehmung in Eben Emael das Ritterkreuz erhielt, führte das I. Bataillon des Sturmregimentes auf Kreta und in Rußland. Unter seinem Kommando stand 1943 das FJR 5 in Tunesien.

Walter Koch war ein harter Soldat und schon zu seinen Lebzeiten eine legendäre Gestalt. Seine Methoden zu führen fanden nicht immer die Zustimmung seiner Soldaten, aber wenn er glaubte, daß er recht hatte, kämpfte er mit harter Entschlossenheit und großem persönlichen Mut.

Deutsch, Heinz, Leutnant

Ritterkreuz

Heinz Deutsch, der im Jahre 1921 geboren wurde, war kein hoher Offizier, sondern ein typischer junger Offizier der Fallschirmarmee. Er trat der Luftlandetruppe im Januar 1944 als junger Artillerieoffizier bei.

Zu jener Zeit wurde die Ausbildung für die Sturm-Artillerie-Brigaden der Korps in Burg, Altengrabow und Schweinfurt durchgeführt. Die Freiwilligen, die die Sturmgeschütze bedienen sollten, waren Soldaten aus Flak und fliegenden Einheiten, obwohl einige schon eine Fallschirmausbildung hatten. Die zwei Artillerie-Brigaden, die im Jahre 1944 bestanden, hatten die Bezeichnung 11. und 12. Brigade.

Die 12. Brigade wurde in Fontainebleau aufgestellt und am Tage der Invasion der Normandie in das Gebiet südlich von St. Lô verlegt. Am 13. Juli 1944 schoß Leutnant Deutsch seinen ersten Sherman-Panzer in diesem Gebiet ab. Er selbst wurde schwer verwundet, kämpfte aber schon im Herbst wieder mit seiner Brigade im Gebiet von Nimwegen – Arnheim. Vom Februar 1945 an diente Deutsch bei den Sturmgeschützen, die später der 7. Fallschirmjägerdivision zugeteilt wurden, bis zur Kapitulation in der Nähe von Oldenburg.

Am 24. Februar griffen britische Panzer und Infanterie die Stadt Wesel besonders heftig an. Deutschs Sturmgeschütz zerstörte einen Sherman- und einen Cromwell-Panzer. Der Angriff blieb stecken und wurde erst am 2. März wiederholt. Dann starteten die Briten einen Nachtangriff und erreichten die ersten Häuser von Wesel. Die Sturmgeschütze Deutsch und Markert trugen, unterstützt von einem Zug Fallschirmjäger, einen wirksamen Gegenangriff vor. Zwei Churchill-Panzer wurden kampfunfähig gemacht.

Zwischen dem 24. Februar und dem 24. März zerstörte Deutschs Geschütz 39 Panzer der Typen Sherman, Cromwell, Churchill und Dreadnought sowie vier Panzerspähwagen. Die Erfolge von Leutnant Deutsch in dieser Zeit sind ein Beispiel für die Leistungen der Fallschirmjäger, selbst unter ungünstigen Bedingungen.

Schäfer, Heinrich, Oberfeldwebel

Ritterkreuz

Heinrich Schäfer wurde am 27. Mai 1914 in einem kleinen Dorf am Neckar geboren. Er arbeitete zuerst als Binnenschiffer und meldete sich 1936 freiwillig zum Heer. 1938 wurde Schäfer als Unteroffizier entlassen.

Zu Beginn des Polenfeldzuges wurde Schäfer wieder einberufen und meldete sich freiwillig zu den Fallschirmjägern. Nach Stendal wurde er Oberst Meindls Sturmregiment zugeteilt und zeichnete sich als Gruppenführer bei Malemes auf Kreta aus. Sein Mut vor dem Feind brachte ihm die Verleihung beider Klassen des Eisernen Kreuzes und die Beförderung zum Feldwebel.

In Rußland festigte sich sein Ruf als beispielhafter Soldat. Aber Schäfer vollbrachte seine größten Taten in Oberstleutnant Kochs FJR 5 in Tunesien. Im Februar 1943 hatten die Achsenmächte das 2. US-Korps zwischen dem Faid-Paß und Gafsa angegriffen und Kasserine und Sbeitla erobert, aber am 7. April hatte die vormarschierende 8. britische Armee westlich von Tunis Verbindung mit Eisenhowers alliierten Truppen aufgenommen. Dadurch waren die deutschen und italienischen Soldaten im Gebiet von Tunis abgeschnitten.

Die Kampfgruppe Schäfer war eine Gruppe von fünfzig Fallschirmjägern, die einen namenlosen Hügel bei Biserta vom 28. April bis zum 1. Mai hielt. Den Soldaten als »Kaktus-Farm« bekannt, unterband die Höhe zeitweise den Vormarsch einer überlegenen alliierten Truppe. Die Alliierten hatten etwa 800 Tote und Verwundete und verloren 37 Panzer. Die Überlebenden der »Kaktus-Farm« wurden zusammen mit den Resten des FJR 5 am 12. Mai 1943 bei Tunis gefangengenommen.

An einem Tag im August 1944 stand Oberfeldwebel Heinrich Schäfer mit seinen Kameraden in einem Gefangenenlager in Camp Harne in Texas angetreten. Der Kommandeur des Lagers, ein amerikanischer Oberst, verlieh hier Schäfer das Ritterkreuz, das er sich in Tunesien verdient hatte.

Luftfahrt, Luftkrieg und Zeitgeschichte

1. Cajus Bekker
Angriffshöhe 4000
Ein Kriegstagebuch der deutschen Luftwaffe. Der in alle Weltsprachen übersetzte »Longseller«, dessen deutsche Auflage bereits das 150. Tausend überschritten hat, ist die umfassendste Darstellung des Luftkrieges 1939—1945. 484 Seiten mit 111 Fotos und 20 Karten. Gebunden

2. Alfred Price
Bildbuch der deutschen Luftwaffe 1933—1945
Dieses Bildbuch zeichnet sich nicht nur durch seinen sachkundigen und fairen Text über Aufbau, Glanzzeit und Ende der deutschen Luftwaffe aus, sondern darüber hinaus durch die mehr als 200 sorgfältig ausgewählten und z. T. noch nie veröffentlichten Fotos. 192 Seiten mit 211 Fotos. Gebunden

3. David Mondey
Bildbuch der US Air Force
234 einmalige Fotos und ein informativer Text geben ein umfassendes Bild von der wohl schlagkräftigsten und bestausgerüsteten Luftstreitmacht der Welt, der US Air Force, von den Anfängen bis zur Gegenwart. 224 Seiten mit 234 Fotos. Gebunden

4. John W. R. Taylor/Philip J. R. Moyes
Bildbuch der Royal Air Force 1939—1945
Dieses Bildbuch ist eine mit 199 z. T. noch nie veröffentlichten Fotos und einem sachlichen und fairen Text versehene Dokumentation über Aufbau und Einsatz der Royal Air Force. 208 Seiten mit 199 Fotos. Gebunden

5. Janusz Piekalkiewicz
Arnheim 1944
Deutschlands letzter Sieg. Die minutiöse Bilddokumentation über die größte alliierte Luftlandeunternehmung des Zweiten Weltkrieges. Etwa 150 bisher unbekannte Fotos, Karten, Dokumente, Faksimiles und detaillierte Tagesberichte beider Seiten ergeben einen einmaligen Einblick in diesen letzten deutschen Sieg bei Arnheim 1944. 112 Seiten mit etwa 150 Fotos, Karten, Dokumenten und Faksimiles. Gebunden

Stalling Verlag · Postfach 1169 · 2900 Oldenburg